山口憲一郎
Yamaguchi Kenichiro

新説
社会的分業論

創風社出版

まえがき

本書は、社会的分業の道理、すなわち、わたしたちが生きることのできているのは、一定の集団（社会）をつくり、全員のはたらく力の社会的振り分けというはたらき方で、はたらくことによってであることについて述べたものである。

この道理は、自分一人のはたらく力で生きていけないわれわれ人間がなぜ生きることができているのか、この究明により見出したものである。新説ということもあり、ここでは、その究明の動機とその端緒、本書の概要、本文への誘いの三点について述べておきたい。

先ずは、その究明の動機とその端緒についてである。

さて、だれが考えても分かることだが、自分一人のはたらく力で生きていけないわれわれ人間が、なぜ生きることができているのか、この道理が分からなければ、どう生きればよいかなどは到底、考えることはできないということである。

その紛れもない例が、われわれ自身が生み出し、だれもの生きていくことを脅かしつづけている貧富の差や人間同志の争い、自然環境の破壊などを自らの手でいつまで立っても無くせないでいることであろう。

したがって、自分一人さえ背負えないわれわれ人間が、なぜ生きることができているのか、この究明こそが、いま人類にとって、最も急を要することと考えるに至った次第である。すなわち、これがその動機である。

その端緒は実に長い思索の末、やっと、本来、人間は自分一人のはたらく力で生きていけない生き物であるということに気づいたことである。この気づきによって、はじめて、では、なぜ、人間は生きることができているのか、という問題意識を持つことができたわけである。

ここからは、本書の概要についてである。つまり、社会的分業のすがたかたちやその受難、そしてその今日までの変遷の概略となる。

地球上における社会的分業の営みの舞台、すなわち、集団、社会は、太古から一万年ぐらい前までの数百万年はむれ社会（ホルド）であった。それからクニ（地域的小国家）の成立くらいまでの数千年は、自然的農耕集落のムラであり、そこでは、きちんと社会的分業というものができていた。その後、近代までは人為（行政）のむらがつくられたが、人為のためにあまりよく本来の社会的分業ができなかった。近代からは、原則的には、人為のむらというものは無くなり、地球をひとつのまとまりとする世界国家とでも称すべきものに変わり社会的分業が行われており、目下、その拡充に向って進んでいる。これがわたくしの認識である。

Ⅰでは、社会的分業とは何かということと、このことを分かり易くするためにつづけて、本書のⅡⅢⅣⅤの著述内容の要旨を述べている。

Ⅱでは、近代までの中で、社会的分業というものが一応、滞りなくできていた自然的農耕集落のムラのなりたち、すがたの大体を述べている。なお、自然的農耕集落をムラ、人為（行政）の集落をむらと表記し区別している。

Ⅲ、Ⅳでは、自然的農耕集落のムラの社会的分業が権力者によってきびしい支配をこうむりムラが崩壊し後に新たな権力者によって人為のむらがつくられるがそれも潰えていった歴史のあらましを述べている。Ⅲは権力者による中央集権国家建設への道であり、Ⅳはそれが地方分権的な分割統治へ進まざるを得なかった歩みである。もしも、これらⅢ、Ⅳの権力者の行為を政治と呼ぶのであれば、ⅢⅣは政治による社会的分業の私物化餌食化の歴史ということになる。

Ⅴでは、近代の社会的分業は、近代までのむれやムラそしてむらのように狭い範囲で直接的なものでなく、人間のはたらく力の商品化によってその売り買いという形をとって間接的に、且つ、地域を越えて世界規模が原則で行われており、このことの概要を明らかにしている。このことは、近代までのそれと異なり目で見ることのかなりむつかしいことがらだけに、いささか詮索を要することになる。この調べ求めることがいわゆる経済学ということになるのでないかと考えている。

Ⅵでは余論として、経済に関わる今日的テーマ四点を掲げ、社会的分業の視点から簡単なコメントを試みている。

以上が本書の概要である。

以下は、本文への誘いである。

第一点は、人間の生きることに関わる経済をはじめとするさまざまな学問は、なぜ必要なのかについてである。

そもそも、万人だれもが、自分一人のはたらく力で生きていけるのなら、人間はなぜ生きることができているのかなどを問うこと自体必要のないことになる。

しかし、われわれ人間は自分一人のはたらく力で生きることができない生き物であり、生きるために太古から知恵を出し集団、社会をつくることによって生きてきたし、いまもそうやって生きているのである。

この厳然たる歴史的事実及び現実から、われわれ人間は、①集団社会をつくれば、なぜ生きることができるのか、また、②その中で、人間らしくそして、よりよく生きるために必要なものは何か、少なくともこれらのことを知ることは、一度しかない人生のわれわれにとって何よりも優先すべきことがらになるのではなかろうか。

思うに、この①は、まさに経済についての学問、とくに経済の原理を明らかにすることとなり、②は人生の目的、人は何のために生きるのか、つまり、この世に生を受けたわれわれの生きるわけ、意義を知ることであり、哲学と呼べる学問になろう。このように学問はいのちを支える集団社会あってのものということになる。

ちなみに、ここでいう集団社会とは、あくまでも社会的分業の単位となる上述のむれ社会、自然的農耕集落のムラ、そして、近代の世界を一つのまとまりとするものである。決して、人為のむらやそれを潰し自滅したかつての帝国や王国をそっくり引き継ぐかたちの現在、世界にある国家や州や都道府県、市町村などの行政的集団でないことに特別の注意が必要である。

第二点は、経済の学問は、一体、何を出発点に据えればいいのかということである。

この学問は、自分一人のはたらく力で生きていけないわれわれ人間がなぜ生きることができているのか、そのよりどころを明らかにすることなので、その出発点は、一日いっぱいはたらいても自分一人が生きていけない人間のはたらく力の外にはないことになる。これを以て総合したものがここで述べる「社会的分業」の概念である。

もしも、従来の自分が食べ家族を養いなおその上にいくらかの余剰（利潤）をつくり出せるとする人間のはたらく力についての考え方や需要とか、消費などを、出発点にしていたならば、決してこの概念には到達できなかったものと考えている。

第三点は、利潤、すなわち、利益や儲けについてどう考えるかということである。

万人だれもが自分一人のはたらく力で生きていけない以上、原則、万人のはたらく力の実力は、すなわち、価値、値打ちは大きな違いなどなくほぼ等しいことになるわけで、はたらく力に基づく「社会的分業」で手にする分け前に差がないのが道理であろう。果たしてここに利潤の生じる余地があるだろうか。たとえ、分け前に多少があったとしても、それは、あくまでも分け方の問題であり、利潤と呼べるものではなかろう。

特定の個人や企業が大きな利潤を手にする現実を道理とし常識と見る人からみれば、このコメントはとんでもないことになろう。しかし、後に見るように、未だに経済学は利潤の源泉を明らかにしているとはいえないのである。

第四点は、本書の内容に関連することで、だれもが正しく認識すべき重要なことがらを三点掲げておくことにする。是非、いっしょに考えていただきたい。

その一は、歴史とは何の歩みを中心に語ることなのか、その二は政治とは何の実現を一番にめざすべきなのかについてである。そして、その三は人生論である。人間は何のためにこの世に生まれてきたのか、つまり、人生の目的は何かという問題である。功成り名遂げた方の中に意外とおれの人生、わたしの人生は一体何だったのか、人生の何かに気づかないまま世を去る方の多いのに驚く。これらの何も、結局、この「社会的分業」でいいのではないのか、こう考えている。

ところで、この社会的分業論は、まさに、経済の原理そのものであり、従来の同名のいかなるものとも、また、これまでの経済や経済学に対する考え方とも、まったくと言っていいほどその中身を異にするものでないかと考えている。その一応まとまったかたちの披露は、今回が初めてである。当然、その当否が問われなければならない。

そのためにも、本文の記述に当っては、従来のおもな経済理論のまちがいなども易しく、終始できるだけ平たく述べることを心がけたつもりである。広く多くの方のご批判をたまわることができれば、わたくしにとってこの上なきことである。

二〇一六年三月二十三日

著者

新説 社会的分業論

目　次

I　社会的分業の意義と本書の構想

1　社会的分業とは何か

(1)　人間は自分一人のはたらく力で生きていけない生き物

わたしたち人間が生きるということは、食べて着て住むことに外ならない。それには、たとえ、どんなにつましく暮しても、数えきれないほど多くのものが欠かせないのは、だれもが知るところであろう。もしも、それらのほとんどを自分一人のはたらく力でつくり出すことができるならば、雇い雇われることなどない。こんな気楽な話はない。しかし、現実には、そうならないのが残念なところである。

このことを言いかえてみれば、わたしたち人間は、朝から晩までどんなに頑張ってはたらいてみても、自分一人のはたらく力では、三度のめしが食えない生き物、つまり、自分一人の命さえ支えられない生き物ということになる。このことは太古からつづき、これから先もずっと変わることのないわれわれ人間のはたらく力のすがたであり、人間の真実といえるものであろう。情けない話となるが仕方ない。

ところで、このことについての認識だが世はさまざまで、自分一人のはたらく力で立派に生きていると思っている人が意外に多いようである。また、人間の生きる能力を人間の発明や発見などの可能性とはきちがえている人もいる。さらに、こんなことを普段あまり考えたことのない人も結構いるのではなかろうか。時に、人生、幸運に恵まれ順風満帆の人や金儲けに忙しい人から見れば、こんな議論をすること自体、馬鹿馬鹿しい意味のないことに見えるだろう。一方、いま、不運の中の人には、そんなことなど考えるゆとりなどひとつもないと一蹴されるであろう。しかし、どんな人にもかならず、人間の心がかえってくることがあろう。そんな時やその他、何かの弾みでこの人間の真実に気づくことになれば、まちがいなく、では、自分一人のはたらく力で生きることのできないわれわれ人間は一体どうやって生きてきたのか、そして、いまも、なぜ生きることができているのか、こんな疑問というか、不思議をいだくはずである。

(2)　そんなわたしたち人間が生きることのできているわけ

①　人間は何人ぐらい集まれば生きていけるのか

ここからは、そのわけについて、わたしの考えているところをすこし述べてみることにする。そのわけとは、つまり、自分一人のはたらく力で生きることのできないわれわれ人間が、一体、何人ぐらいが集まり、そして、どのようなことをすれば生きることができたのか、また、いまも生きることができているのかということである。まず、その集まりから見ていくことにする。

人間が地球上にすがたを現わしたのは、大体二五〇万年前とされている。それ以来、四万年ぐらい前までの大変長い間は、むれ社会をつくり、移動しながら自然物の採集、狩猟、漁労などで生きてきたといわれる。注目すべきはその規模やしくみだと思うが、約四〇万年前のテラ・アマタ遺跡（フランス、ニース市）の外に、むれ社会のことを知る手がかりとなるものは発見されていないようである。この遺跡からは、年一、二度の季節による移動住居跡（重複層に二〇余り）が見つかっている。

何回かくり返された氷河期もおわり、地球の気候が温暖化する一万年ぐらい前から近代までの農業中心の時代では、われわれ人間は大体三〇戸前後の規模の自然的農耕集落のムラをつくりおもに農耕や牧畜などを行い自給自足で生きてきた。その後は、後述するが、権力者のクニがつくられムラは潰されていき、人間のたいへん生きにくい人為のむらがつくられた。

近代からは、人間のはたらく力をはじめすべてのものを商品化しその売り買いで、つまり、だれもが商品を買い商品をつくって売ることで世界中の人々が生きていく時代となり、いってみれば、世界を一つにする集団、社会で生きていることになる。

ムラは大体三〇戸前後の規模と述べたのは、イラク北東部、キルクークの東方約六〇キロにある人口二〇〇人とされるジャルモや中国、西安市東方の姜寨《きょうさい》などの初期農耕集落遺跡の調査結果をはじめ、わが日本の水田稲作農耕集落遺跡などから推しての戸数であり、近代までの人間が生きていく上での適正最小規模となるものと考えている。

正直言って、ムラに必要な戸数と人数についてはそれをそっくり示す遺跡も、その適正規模についての研究事例もほとんどなく、分からないことばかりで、何か手掛りがあれば、それに基づき推測する外、方法はないのである。

中身もかたちもまったく異なる近代でのことはひとまずおき、このような三〇戸前後のムラをつくり、人間がよりそい生きてきたという歴史的事実は、わたしたち人間は、自分一人の力、はたらきでは生きていけない生き物であること、すなわちだれもが自分一人のいのちさえ背負うことができない能力しか持ち合わせていないという人間の生きる力の真実を証明するものであろう。

このような能力しか持ち合わせていないわれわれ人間が何十人何百人さらに何千何万と集まり、ただ、わいわいすき勝手をやっていたのでは生きていける道理のないことはだれでもわかるはずである。わたしたち人間が太古から今日までむれ、ムラ（むら）そして、世界という集団、社会をつくりまがりなりにも食べて、着て、住み、子どもを生み、いのちのリレーをし、何とか生きのびているのには、そうさせる何かがあるはずである。

② 社会的分業の発明

その何かとは一体どのようなことなのかについて考えてみよう。

ひとことでいえば社会的分業ということになる。このことが俗に「経済」というものでもある。われわれ人間が生きていくために欠かせないものはすでに述べた衣、食、住であり、これらは、また、生活必需品や便益品と呼ばれ富ということになる。これらは、天からひとりでに降って来るものでもなし、また、地の中から自然にわき出るものでもない。われわれ人間の手で一つ一つ作り出さなければならない。しかし、残念ながら、だれ一人として、自分の必要とする必需品や便益品のすべてを自らの手で、すなわち、自分一人のはたらく力でつくり出せない。このままだと遠い昔に人間という生き物は地球上から消え去っていたはずである。

生き残るにはどうすればいいのか、これが人類にとって最大の難問であり希望であった。略奪という手もあるが、それは一人勝ちであり自ら墓穴を掘るに等しい。とにかく、共に生きることをめざし、試行をつづけたのである。

その結果、一人ではできないことでも、集団をつくり全員がはたらく力を出し合い、つまり、手分けをして全員の必要とする物をつくり出せば、全員の必要が満たされ自給自足のできることを発明したのである。このことが社会的分業というものであり、その舞台がむれ社会やムラ、むらであり近代からは世界となっている。

この発明が地球上のどこでも共通して起きたことは、人間のはたらく力について、人種や民族などでほとんど優劣の差がなく同一なものであることを証明するものであろう。

とにかく人間が生き残るための必要が発明の母であった。道具づくりや火の使用やことばの使用なども社会的分業の営みに欠かせないものとして、発明考案されたものと考えられる。

自給自足ということばが出たついでにこの意味についてひと言ふれておきたい。テレビ番組などで、定年退職した人や途中で生き方を変えた人などが、田舎に居を移し、借りた田や畑で米や野菜などをつくり自給自足の暮らしを楽しむなどということがよく報道される。とくに自給自足ということばが強調される。こんな自給自足の使い方はおかしいのではないのか。たとえ個人的に食べて余るほどの食料などを作ることができたとしても、それだけでは生きていけない。生きるにはまだまだたくさんのものが要るはず。それらを自分一人のはたらく力で作れないのであれば、そんな暮しは自給自足とは言えない。元来自分一人のはたらく力で生きていけないわれわれ人間には自給自足ということばは使えないことになる。社会的分業を行うむれ社会やムラという集団においてはじめてそれができることになる。

自給自足とはみんなが共にはたらき共に生きることである。このことはわれわれ人間が一つの集団、一つの社会の中で社会的分業をすることによってはじめて可能になる。むれ社会の社会的分業は、そのむれの必要とする採集、狩り、漁労などのしごとに全員が手分けして、つまり、全員が自らのはたらく力を出し合って当たることであった。人為のむらは別でムラのそれも、その必要とする農耕や牧畜に、そして、その基盤づくり、農地の開墾や補修、道や橋づくり、その修理、灌漑づくり、さらに公共施設の建築やムラの治安維持などのしごとに手分けして当ることであった。世界を一つとする近代社会も原則同様である。

つまり、社会的分業とは、全員が自らのはたらく力を出し手分けし全員の必要とするものを生産し、分配、消費しはたらく力の再生産や結婚し新たなはたらく力をつくっていくこと、すなわち、この一連のことによってだれもが生きていくことである。

人間が生きるために発明したこのようなやり方は、人間を動物的で生存の不確かな生き物から、はたらく力を出し合い助け合い支え合いはたらきさえすれば、より確かに生きることができる社会的生き物に変えたのである。すなわち、この社会的分業というものは人間がいのちをつなぎ歴史をきざみつづけることを唯一可能にした大変革であったといえよう。

③ はたらく力の社会的振り分け

ここで、社会的分業にとって、きわめて大切なことを述べておきたい。それは、いま述べた社会的分業に関する説明の中で、手分けしてつくり出すとか、手分けしてことに当たるとかと「手分け」という表現を使った。この手分けとはムラびと一人ひとりがムラびと全員の必要とするしごとのどれかを自らのはたらく力で分担することである。むれ社会の場合も同様であるが、そうである以上この「手分け」といういい方は正しいものではなくなる。正確には、分担ではなく振り分け、すなわち、一つの集団社会であるむれ社会やムラの全員の必要とする物づくりやサービスなどに、すなわち、それらへの全員のはたらく力の振り分け、つまり、「はたらく力の社会的振り分け」といわなければならないことになる。そのわけは、こうである。

いつの時代でもしごとの分担はたいへんむつかしいものがある。このことは役割分担でもある。向き不向きもあるが、元来、人間というものは欲とプライドのかたまりともいえる生き物であり、それがこのことを困難にする。

ここで、ちょっと、人間の欲の謎について触れておこう。これは、人間固有のもので、多くを欲しいと思う心、すなわち、他の生き物にはほとんど見られないものである。では、なぜ、人間だけがこんなものを持つことになったのであろうか。

それは、人間は、本来、自分一人のはたらく力で生きていけない生き物だからであろう。もしも、だれもが一己のはたらく力で充足できるのなら、何も、欲など持つ必要はないからである。ちなみに、プライドも、元を正せば、人間は、本来自分一人のはたらく力で生きていけない生き物であることに気づけないことから生み出されているものと言えよう。

楽でもうけの多いしごとや地位が高いとされるものはだれもが好み殺到する。歩がわるい割が合わない、また、汚れる、きついなどのしごとは忌み嫌う。

このようなことからしごとの分担には争いやトラブルなどがつきもので、しばしば収拾がつかなくなる。このようなしごとの分担を各人にまかせておけばどうなるだろう。一つの集団、一つの社会の必要とするしごとに対する過不足のないはたらく力の確保はむずかしいことになる。これでは社会的分業は一歩も前に進まない。

前に進ませるためには我欲を抑え犠牲的精神を発揮させることが欠かせないが、難しい話で、これにはどうしても説得し嫌いなしごとでも引き受けさせる強制を伴う力が要る。この力はどこまでも納得させて従わせる力である。けんかをさせずうらみを残させないというたいへんむつかしいものである。このようなことを考え合わせるとき、すすんでやるという意味合いを持つ「手分け」と言うよりも、はたらく力の「振り分け」という表現がよりふさわしいものとわたしは考えている。以上が手分けを振り分けとしなければならないとするわけである。

むれやムラでのはたらく力の社会的振り分けがうまくいかなければ、やがて、むれやムラのひとびと全員が生きていけなくなる。すなわち、一つの集団社会の社会的分業の成否のカギはその集団社会全員のはたらく力の振り分けにある。しかし、このことだけは、右で述べたように、いくら寄り集まり話し合っても簡単に決着のつく話ではない。それをだれもが信頼できる人物に委ねることを思いついたのである。

この人物こそがむれ社会やムラのリーダーである。このことをもって、社会的分業というものは本格的にスタートができたのである。因みに、はたらく力の振り分けが社会のためでなく権力者のためであったのが人為のむらであった。

2　自然的農耕集落のムラのすがた

すでに述べたように、むれ社会につづく人類の社会的分業の営みの舞台は、三〇戸前後のムラになった。世界最古のムラがどこで起ったのかは、まだ、よくわかっていない。しかし、ムラの誕生に欠かせないことが農耕と牧畜と定住である。これらのことを探っていけば近い将来ある程度特定できるのかもしれない。

農耕と牧畜は、多くの課題を解決してはじめて開始されたものである。これには推定がむずかしいほどの長い年月、すくなくとも、数十万年以上の時と知恵と力を要したはずである。

世界の農耕は地域と主作物の別によって、大体四つに分類されている。わが国の水田稲作中心の農耕はそのうちの一つのサバンナ農耕に始まるといわれている。

牧畜は農耕とほぼ同時に始まっている。発生地はユーラシア大陸の乾燥地帯であるが、野生種を家畜化するのに、これまた勘定できないほどの長い年月を費やしたのは言うまでもない。

とにかく、定住し、ムラをつくり農耕と牧畜で社会的分業を営むためには、農地や牧地の開墾その他多くのクリアーしなければならないやるべきことが山積みしていた。

それでも、社会的分業のスタートからかなりの年を経たころには、どこのムラでも、そのやり方は上手になり、しだいに余剰も増えそれを富としてたくわえることもできた。

　このような富の管理や処理に直接かかわっていたリーダーたちはムラの富を前にして、一体どのような行動をとるに至ったであろうか。

3　権力者による社会的分業の私物化、餌食化

ここでも端折った説明になるが、リーダーといえども人間、欲に目がくらみ、単なる富の亡者ともなる。このことによりムラの社会的分業はそのすがたを大きく変えることになる。彼の一番の使命は、もっぱらムラびとのはたらく力の振り分けにある。そのためだけに許されていたはずの彼の力は、富の亡者となったその瞬間から、彼自身がどこまでもの富を独占しどこまでもの欲望をかなえるための力、すなわち、権力というものに変わったのである。これが、リーダーが権力者となったわけである。もしも、こんな権力を握ることを政治というのなら、これは政治が始った瞬間ともいえよう。

この時より、ムラびとが生きる唯一のよりどころの社会的分業とムラびとは権力者にいのちまでをも犠牲にし、どこまでも尽すことを強制されることになる。表現の適否もあろうが、これを私は権力者による社会的分業の私物化、餌食化と呼ぶことにしている。

これはムラとムラびとを権力者の所有物にし、ムラびとによる社会的分業で生み出される富を独占し、さらに、ムラびとを自らの都合のよいように、扱き使い食い物にしていくことである。

ムラの田や畑や山や川、そして、ムラびとまでが権力者のものとされた以上、ムラびとは権力者のどんな要求にも逆らえなくなった。年貢を強制され、権力者のための宮殿や大墳墓づくりなどに駆り

出され、さらにまわりのムラの分捕り合戦などに兵士として徴発された。いつも、権力者万歳と叫ばされ、いのちを惜しまず名をこそおしめと強要され戦わされることになった。

望蜀な権力者たちは、ムラびとの力を総動員してまわりのムラの侵略と征服をくり返しつづけた。このようにして彼らはクニ（地域的小国家）をつくり、自らを王や公と呼ばせた。クニはあちこちに生れ分立した。王や公のある者は、さらに、まわりのすべてのクニを武力で併合し、そのムラとムラびとを、つまり、ムラの社会的分業を私物化し中央集権の帝国をつくり上げた。自らを皇帝、君主などと呼ばせ、ムラびとを餌食化することによって自らのどこまでもの欲望を満たしつづけたのである。

人類史上、最初の中央集権の帝国、その代表がローマ帝国、アケメネス朝ペルシア（ペルシア帝国）、中国の秦《しん》・漢《かん》帝国である。これにわが国の律令制中央集権国家も加え論じることにした。

権力者による社会的分業の私物化、餌食化はムラの社会的分業を行きづまらせた。ムラびとは自給自足ができなくなり、多くが失業と貧困の渕にたたきこまれた。この時、絶望にあえぐムラびとを救えるかのごとき装いをこらし登場したのが宗教である。その代表がキリスト教、イスラム教、仏教、儒教などになる。元来、洋の東西を問わず呪術（宗教）は即、政治であった。イスラム教は、はじめから権力者として生まれた。権力者のほとんどは宗教を利用し権力の維持を図ったが、ムラの社会的分業の行き詰まりによるムラの崩壊はいかんともし難く、結局このことにより世界の帝国のすべては歴史上から姿を消すことになった。

4　新たな権力者による人為的社会的分業の私物化、餌食化

帝国が滅ぶ前、その行く末を事前に察知した皇帝を支える立場の貴族や富裕者などの有力者、小権力者たちは皇帝や大王などのやり方をまね、自らの収入源を確保するため皇帝や君主のものだったムラとムラびとの分割、私物化を強行し大土地所有者となった。これが新たに誕生した権力者、すなわち、国王、諸侯、騎士、教会である。彼らが囲い込み私物化したムラとムラびとが荘園と呼ばれるものであり、これがむらびとのはたらく力を権力者自らの都合のいいように振り分ける人為のむらのはじまりである。彼らは、そこからの富を吸い上げ近代に至るまで二〇〇〇年以上にもわたり栄耀栄華をつづけたのである。

これは皇帝によって私物化、餌食化されていたすべてのムラの社会的分業の、すなわち、すべてのムラとムラびとの分割化であり、人為的社会的分業のむらづくり、すなわち、領国づくりといえるものである。いってみれば中央集権の大国家に対して、小国家化であり、地方分権化ともいえる。

農耕中心の時代には、全土のムラの社会的分業を潰した後に再び中央集権の大帝国をつくることなどできない。それを支えるものがないからである。たとえ、人為的社会的分業のむらをつくったとしても、かつてのムラの社会的分業のようなダイナミックで有機的な機能は発揮できず、どうしても、

小国家化、地方分権化にならざるを得ないのである。これが洋の東西のほぼ共通した権力者のたどる必然であって、この領国づくりの基となるのがいまも述べた新たな権力者による人為的社会的分業のむらづくり、すなわち、人為のむらづくりであり、新たな権力者の社会的分業の私物化、餌食化のかたちなのである。

その人為のむらも、むらびとの暮しも、結局新たな権力者による私物化餌食化によって潰されてしまったのである。

この新たな権力者によるものを含め権力者による社会的分業の私物化、餌食化というものは世界史的に見ればクニが誕生した紀元前五〇〇〇年頃から近代までと考えられるのでその歴史は七〇〇〇年ほどになる。

先にあげた四つの帝国は地理や気候などの自然的条件のちがいから、いまもそうだがむらの農業や牧畜のやり方がかなり異なる。ちなみに中国や日本は中耕農業、オリエントやヨーロッパは休閑農業である。このようなことからそれぞれ四つの帝国の権力者によるムラの社会的分業の私物化、餌食化の場合と同様、新たな権力者による人為のむらづくりやその社会的分業の私物化、餌食化のすがたも少しずつちがったものとなっている。

5　はたらく力の商品化による社会的分業

さて、今日の社会的分業はといえば、人間のはたらく力を商品化することによって行われている。近代まではどんな大帝国といえどもその社会的分業は、小さなムラや人為のむらを単位とする社会的分業が集ったもの、いってみれば穴がたくさん集っている蜂の巣のようなものであった。これに対して、今日のそれは世界を一つの単位とするものである。いまは、世界の国々の国境垣根はそのままにし、しかし、それをのり越えるかたちで世界を一つの国家、地球を一つの社会とする中で行われている。

近代までの社会的分業、すなわち、はたらく力の社会的振り分けはムラや人為のむら（権力者のため）のしごとにそれぞれの人間みんなのはたらく力を振り当てるものである。そのやり方はリーダーや権力者の力によるきわめて直接的なものであった。

近代におけるそれは、はたらく力の商品をはじめとするすべての商品の売り買いを通じて行われることになっている。

はたらく力の商品化により、この世のすべてのものが商品となった。そのため、われわれ人間が太古からつづけてきた必要なものをつくってそれを消費し生きるということを「商品を買い商品をつくって売る」というまったく新しいやり方で実現させることになったことが、そもそもの始まりである。

このことにより、われわれ人間のはたらき方が二種類となり、これ以外に生きる方法がなくなったわけである。その一つは、商品を買い物やサービスの商品をつくって売ること、その二つは、商品を買いはたらく力の商品をつくって売ることである。これらは、売り買いなしには成り立たないものであり、それに欠かせないのが公正な売り買いのルールである。この必要から万人が共有し遵守することになっているのが、万人の自由・平等の原則に基づく価格競争というルールである。

では、価格競争のどのような機能が、はたらく力の社会的振り分けを行っているのかということになるが、それは、意外とシンプルで競争に付き物の勝敗によってということになる。しかし、価格競争の場合のそれは、金銀銅などのメダル獲得競技と違いいのちがかかる実にきびしいもので、勝ちはつくった商品が売れること、敗はそれが売れないことである。

はたらく力の社会的振り分けを直接行うことになるのははたらく力の商品づくりではなく、物やサービスの商品づくりの敗、すなわち、その商品の売れないこと、このことによりその商品づくりがつづけられなくなることである。それにしてもはたらく力の振り分けがこんな特殊できわめて間接的な方法で行われるということになる。何とも、よろこべない皮肉な話だが、このことは後ほど述べることというのは人類史上、初めてで、かつて見ないものである。

ちなみに、近代社会の、はたらく力の商品化による社会的分業の時代の競争、価格競争をはじめとするあらゆる競争は万人の万人に対する競争と言える厳しいものになっているが、しかし、これは、万人の欲望の全開の結果によるものと考えている。

以上が近代に生きるわれわれが食べて、着て、住む、生きるかたちの要旨である。

このような今日の社会的分業をわたしは、はたらく力の商品化による社会的分業と呼ぶことにしている。

また、このことは、近代以前の社会的分業とちがい直接眼で見ることがむつかしく、かつ、常識でも分かりにくいものだけに特別な詮索を必要とする。この詮索というか研究というものが経済学と称すべきものであろうと考えている。

ここまでがわたしたちが生きることができているわけについてのわたくしの考えのあらましである。つまり、社会的分業ということになる。

ところで、わたしたち人間が生きていく唯一のよりどころであるこの社会的分業は、人の世に権力者が現われ、クニ、すなわち、地域的小国家（都市国家）がつくられたころから近代までの数千年は、まさに受難の時代であった。権力者からの恩恵などはゼロに等しく逆に、その社会的分業は、権力者の欲望の犠牲にされ壊されつづけたのである。

権力により生きることを脅かされつづけたほとんどのムラびとやむらびとにとってその数千年は、まさに絶望と慟哭、無念と遺恨の日々であったといえよう。本来なら社会的分業により、人間らしく生きることができたはずの先人たちが、権力者によって、その唯一の生きるよりどころの社会的分業が潰され、その上、こき使われ、想像を絶する悲惨な生涯を終えなければならなかったという痛ましい歴史的事実は、過ぎ去ったこと、再現できぬこととして、けっして等閑に付し忘れ去ってはならないことであろう。

このような人道にもとることが社会的分業の歴史の上で、つまり、人類史において行われてきたのである。このようなことが一体、何故引き起こされたのか、その問い直しと同時にそれら先人に対する鎮魂の祈りを捧げることは、近代に生きるわれわれ万人が、あしたのためにいま、どうしてもやっておかなければならないこの上なき大切な責務だと考えるのである。

このために、率先してできる限り公正で合理的な問い直しのモデルを示し、その本当の鎮魂に資することは、社会科学としての学問の最も優先すべき使命だろうと考えるのである。このような考えからその権力者支配の歴史的事実の概要を社会的分業の視点から述べたのがⅢとⅣである。

さて、次は、中央集権国家成立のころまでの、社会的分業の営みの舞台であったムラのなりたちとすがたの概略を述べることにする。

Ⅱ　自然的農耕集落のムラのすがた

1　ムラ誕生の条件

人が集まれば町になるが、ムラはそうはいかない。ムラがなければ人類の歴史はなかったといえる。ムラが生まれたのは、いまから一万年ほど前といわれている。ムラの誕生は、ムラの前のむれ社会（ホルド）の人々のおおよそ二五〇万年にもわたりつづけられた、「あしたはきょうよりよくなろう」とするひたむきな努力の結果である。

その努力によって手にしたものがムラの誕生に欠かせない農耕と牧畜と定住である。

これらの発明には、次にかかげるような多くの解決しなければならないことがらがあった。どれ一つとってみても一朝一夕にいくものではない。エンマコムギから突然変異によって生まれた栽培型のハダカムギをはじめ、まめ類、くだものなどでも偶然の変異によるものがあったといわれているが、しかし、ほとんどは遠い先人たちの、自然に順応する中でのあくなき試行錯誤のくり返しによって実用化させたものといえよう。

一、野生種のムギ、イネ、野菜などの栽培種化。二、野生のヒツジ、ヤギなどの家畜化。三、山野の開墾による田畑や牧草地づくり。四、くわ、すきなどの農具づくり。五、施肥の知識や技術、病害や獣害を防ぐ方法、災害防止の方策。六、灌漑《かんがい》づくりと河川の利用。七、収穫物や種子の保存法。八、家づくりや土器、織物などの生活用具づくり。九、はたらく力の後継（婚姻と子育てと教育）。一〇、はたらく力の社会的振り分けの社会的分業。一一、適正なムラのかたちと戸数（人数）の維持など。

2　農耕と牧畜

世界の農耕はいくつかに分類されている。

まず、イモ類を主作物とする根栽農耕がある。

これは中国南部からマレー半島にかけての地帯が発生地とされている。ここではタロイモ（サトイモ）、ヤムイモ（ヤマノイモ）の主要種のダイジョなどが栽培されこれらは人々の移動によって、ポリネシアの東端まで広まったようである。この栽培はパプアニューギニアの中央高地で九〇〇〇年ぐらい前に始められたことが、導水溝などの跡から確かめられている。

次はサバンナ農耕といわれているものがある。サバンナとは、熱帯地方にみられる草原で、一年中高温で、雨季と乾季がある。この主作物はイネと雑穀と呼ばれるアワ、キビ、ヒエ、モロコシ、トウジンビエなどやササゲ、ダイズ、アズキなどの豆類やキュウリ、ナスのような野菜類である。

これらの雑穀は、春に播種《はしゅ》し夏以降に収穫する夏作物で温帯、熱帯で夏の雨季に栽培される。冬作が主となるムギ類とはかなり異なる。サバンナ農耕はすべて夏作物という共通の特色を持つ。

この農耕文化は、西アフリカを貫流するニジェール川の中流域で始まったとされる。ここは赤道直下に広がる常緑広葉樹林帯をコの字にとり囲むサバンナ帯に属している。

この農耕文化は西アフリカから東アフリカ、インド、中国、日本、東南アジア地域に伝わった。その農耕の基本は鍬《くわ》が中心で家畜を欠くものであった。ウシ、ヒツジ、ヤギそして、ブタなどは地中海農耕文化から伝わっている。畜力による犂《すき》農法も地中海農耕文化から受け入れたものである。わたしたち、日本人がいま食べているお米は、オリザ・サティバといわれる一年生の栽培イネが品種化されたものである。この栽培イネは、いまから四〇〇〇—五〇〇〇年以前に栽培されていたようで、原産地は中国南部の雲南《うんなん》からインド最東部のアッサムにかけての地域といわれている。

第三は地中海農耕である。

この発生地は西アジアのイラク、シリア、レバノン、イスラエルにわたり、三日月形にのびる地帯で「豊かな三日月地帯」と呼ばれているところである。古くから農耕と牧畜が始まりそのため初期文明を発生させている。

この地域は、冬は寒くなく雨が降り、夏は暑く乾燥し草は枯れるほどである。この気候に適した作物がムギであった。ここで、オオムギ、コムギ、ライムギ、エンバク、冬作のエンドウ、ソラマメ、根菜類のビート、タマネギ、カブ、ダイコンなどを中心とする農業が始まっている。ウシ、ヤギ、ヒツジなどの家畜化が行われたのもこの地域である。

旧石器時代のおわりごろ、すなわち、クロマニョン人などの新人（現生人類）が現れたいまから四万年ほど前からオオムギ、コムギの野生種を栽培種に変え耕作がはじまり、紀元前七五〇〇～六五〇〇年ころは耕作、収穫、貯蔵、加工（粉にしてパン焼き）などが完成している。また、畜力による犂農法が発達し主食であるムギ類の大量生産が行われた。

この農耕文化は西のエーゲ海地方、北アフリカ、イタリア、西ヨーロッパに伝えられ、コムギ作物中心のヨーロッパ文明をつくり上げることになった。また、チベットルートとシベリアルートで東アジアの中国に、インドへと伝播した。

第四は新大陸での農耕である。

メキシコから南米のアンデス山脈にかけて、メキシコではアステカ文化（四世紀―一三世紀）、ユカタン半島ではマヤ文化（一三世紀―一六世紀前半）、ペルーではインカ帝国（一五世紀中期―一六世紀前半）が栄えたが、これらを支えたのがここでの農耕である。穀物はトウモロコシが主で、その他、インゲンマメ、ラッカセイ、カボチャ、トマト、トウガラシ。果物としては、パパイア、パイナップルが栽培された。カリブ海地域では、アメリカサトイモ、マニオク（イモの木）、サツマイモなどのイモ類が栽培された。ボリビア、ペルーの高冷地では、ジャガイモなどの栽培が行われた。これらすべてが夏作物である。

以上のごとく、大きく分けて、地球上の四つの地域でそれぞれ異なる作物栽培が始められている。旧大陸であるアジア、ヨーロッパでは約一万年前とされる農耕の開始後まもなく、相互に作物の交換がはじまり各地で特色ある農耕文化を築き、その基礎の上にムラがつくられ自給自足の営みがつづけられたと考えられる。

わが国では紀元前三〇〇〇年ころよりアワ、ヒエ、モロコシなどの焼畑農業が行われていたようだがよくわかってはいない。定住しムラをつくり本格的な農耕と牧畜の生活を始めるのは大陸から稲作や金属器が伝えられた紀元前三〇〇年ころ、すなわち、弥生時代からと考えられている。それ以前は季節的定住を含む移動中心のむれ社会ということになる。

牧畜は農耕と平行して始められたようである。ユーラシア大陸を斜めに走る乾燥地帯がその発生地とされている。群をつくる性質をもつ有蹄類、ヒツジ、ヤギ、ウシ、ウマ、ラクダ、ヤク、トナカイがその対象であった。乳、毛皮、肉、荷役、田畑を耕し雑草をとる耕耘《こううん》などがその目的であった。なかでも、ヒツジが最も早く家畜化されたようで、骨が西アジア、イラクの北、旧人、ネアンデルタール人のシャニダール（イランのザーグロス山脈中）遺跡（農耕発生直前）の紀元前九〇〇〇年前後の層から出土しているそうである。その他の農耕遺跡の紀元前七〇〇〇―八〇〇〇年の層からも出ているといわれている。

3　ムラに必要な戸数と人数

(1)　世界の場合

ところで、ムラはそもそも何戸（何家族）、何人ぐらいの集団で社会的分業をしていたのであろうか。この問いは、自分ひとりの力で生きていけない人間は、むれ社会は別として、どれほどの人間が集まり、その集団の必要とするしごとにはたらく力の振り分けをすれば生きていけるのかということである。すなわち、人間の生存を可能にする集団の最小の単位（大きさ）を明らかにすることである。このことは、また、人間の定住を可能にさせる条件を知ることでもある。

こんな大事なことが未だ明らかにされていないというのは一体どういうことなのであろうか。これまでの経済学や歴史学の見方考え方は、これでいいのかと言わざるを得ない。「自分一人のはたらく力で生きていけない人間がなぜ生きることができるのか」を知るためには、どうしても明らかにしなければならないことなのだが、いまのところ、この問いにずばり答えてくれる遺跡のむらも地球上のどこにも見つかっていないし、研究などもないようである。したがって、それを知るには遺された手がかりをもとに推測する外、方法はないということになる。

　その有力な手がかりとなるのが初期農耕集落遺跡であろう。その集落のかたちは、それぞれ地理的条件などのちがいから外見上はいささか異なるものである。しかし、人間が生きることができていた以上、構造上では大差があろうはずはない。

　さて、世界の遺跡についてであるが、八〇〇〇年ほど前とされているものに、エリコ（ヨルダン渓谷）とチャタル・ヒュユク（トルコ中南部）がある。これらの発掘調査からは肝心の何人ぐらいの集団で、どのような社会的分業が行われていたのかについては何も明らかにされてはいない。また、紀元前三五〇〇年ころのテル＝サラサート（イラク北部、モスルの西五一キロにある大小五丘よりなる）遺跡の調査が一九五六年開始され、初期農耕集落遺跡の一つであることが明らかにされた。しかし、これも定住した集落のすがたかたちを知る手がかりは何もわたしたちに残されてはいない。

　中国農耕文明の起源とされているのが黄河中流域で始まった仰韶《ぎょうしょう》文化といわれている。新しい調査で、これに先行する初期農耕文化のあることがわかった。それが裴李崗《はいりこう》遺跡（河南省新鄭県）と磁山《じさん》村遺跡（河北省武安県）である。ともに年代はほぼ同じ（放射性炭素年代測定法、C（炭素）14により紀元前五九三五年―五一九五年）であることが明らかにされた。住居は円形竪穴で、アワ栽培、イヌ、ブタ、ニワトリ、ヒツジの飼育が示されているが、集落の規模は小さいというだけで肝心の戸数や人数のことはよくわかっていない。

　これらとちがい、住居の数をかなりはっきり示す遺跡がある。

その一つとしてイラク北東部のキルクークの東方六〇キロにあるジャルモ（前述、シャニダールの南東）初期農耕集落遺跡がある。これは農耕文化の起源が前述の「豊かな三日月地帯」を中心に起こったことを示す遺跡で、住居跡から二〇〇の人数であったと推定されている。大家族など、諸説あるがかりに、一戸、六人の家族と想定すればその戸数はほぼ三三戸と推測できる。

さらにいま述べた中国の仰韶文化の系統では陝西省西安東方の半坡《はんぱ》遺跡、とそのさらに東方の姜寨《きょうさい》遺跡がある。

これらの年代はいまからおよそ七〇〇〇年前と考えられている。前者には直径二〇〇―三〇〇ｍの円形の環濠《かんごう》に囲まれた中に住居跡が四六ある。後者は前者より小形で環濠は浅く全体的に完全な形で発掘されている。その中には約一〇〇戸の竪穴住居が五群に分かれていた。これからみて一群は二〇戸となろう。断定はできないが、恐らくかつての二〇戸ほどのむらが権力をにぎったリーダーの都合で一か所に集合させられたすがたでないかと想像できる。

⑵　日本の場合

次にわが日本のムラのすがたをみてみよう。

日本最古の稲作集落遺跡とされているのは、紀元前四〇〇年ころの縄文《じょうもん》晩期の菜畑《なばたけ》遺跡（佐賀県唐津市菜畑）である。ここでは、イネ、アワ、ムギ、ソバ、ゴボウ、メロンが栽培され木製クワ、石包丁、石斧、石のみなどがつかわれていたが、集落の戸数は明らかにされていない。見学の際、お聞きした話によると、いま発掘されているのは、発見された遺跡の一部であり、ここでは三戸から四戸で二〇人ほどが住んでいたとのことであった。

これより大体二〇〇年ほど経った紀元前二〇〇年ころのものとして唐古《からこ》・鍵《かぎ》遺跡がある。これは奈良県磯城《しき》郡田原本町唐古と鍵にある。この遺跡は渡来人がもたらした稲作と金属器に基づく弥生《やよい》農耕を初めて実証するものとされている。集落は防御のための環濠（南北六七〇m、東西五〇〇m）が巡らされ、標高四七—五〇mの低地で、寺川と初瀬川の間にある。

竪穴一〇〇余あり、住居は二五基と想定されている。井戸があった。稲作では常湛法《じょうたんほう》、すなわち、小河川の流域の水がかりのよい湛水地にもみを播くやり方であった。ちなみに、苗代で田植えが始まるのは奈良時代（八世紀）からといわれている。遺跡の南には銅鐸《どうたく》の鋳造工房が見つかっている。

これと同時期のものとして板付《いたづけ》遺跡（福岡市博多区板付）がある。

この遺跡は御笠川西岸の標高一一—一二mの低台地にあり、その東西の低地で水田耕作がされた。この下層から縄文晩期（紀元前四〇〇年ころ）の水田跡がみつかっている。集落は台地上に南北一一〇m東西八一mの長方形の環溝にかこまれている。井戸も発掘されている。かめ棺数基、銅剣、銅矛《どうほこ》各三口《こう》が見つかり初期金属器文化の存在がわかる。住居数は不明であるがその規模からみて二〇戸前後と推定できる。見学時、お聞きした話では、最盛期の紀元前二〇〇年頃で、一五戸から二〇戸、人数は二〇〇名ほどであったようである。この集落は、北台地、中央台地、南台地と場所を変え古墳時代まで、つまり、大和国家の統一までつづいている。

さらに二〇〇年ほど経った紀元に入るころつくられたものに大塚遺跡（横浜市港北区中川町と大棚町）がある。早淵川中流の左岸、標高五〇mの台地にあり、集落のかたちは変形楕円形、南北の一番長いところで一三〇m、東西は二〇〇mで、V字の環濠に囲まれている。九七基の竪穴住居と高床式倉庫一〇棟みつかる。九七基の住居のうち、七軒を除きすべて弥生中期のもの。これは三群に分かれ、それぞれ三期に分かれる。同時につくられていたのは一群一〇軒で約三〇軒となる。各群に首長のものとみられる大型住居が一―二軒ある。

また、谷一つ隔てた南方の台地の上に歳勝土《さいかちど》遺跡がある。そこには竪穴住居（弥生後期）九軒と周溝墓二五基以上がある。いまは、この遺跡群は一部が保護されているがほとんどが市街地に変わっている。

大塚遺跡と同時代の集落遺跡として、比恵《ひえ》遺跡（福岡市博多区比恵字古賀、字小林）がある。ここには台地の上に大小五か所の環濠がある。最もよく形の残す第一号環濠は一辺約三〇mの正方形でそこには五軒の隅丸方形住居跡と二基の井戸がみられる。一か所五軒として単純に考えれば大体二五軒ほどがより集まっていたことがわかる。この周辺にもいくつかの環濠住居跡が見つかっている。

これらよりさらに一〇〇年ほど経ったころつくられたとされるものに登呂《とろ》遺跡（静岡市登呂）がある。ここには一二軒の住居が自然堤防上の平地部にたてられている。その中に高床式倉庫（四本柱）二棟が含まれる。水田は集落の南東低湿地にあり、畦畔は矢板（板状のくい）で補強、水田の広さ七五〇〇〇平方メートル（七町五反）である。

農耕、牧畜を中心に漁労、採集などが伴っていたのが世界に共通する平均的なムラのすがたである。権力者によるムラびと管理と税徴収などの便宜上つくられた集落の人為のむらはムラとは区別されなければならない。しかし、権力による人為のむらもムラを基礎にしなければつくることができない関係にある。

牽強付会は厳に慎むべきことであるが、これまでの手がかりからムラは三〇戸前後でつくられていたことが想定できる。前述の菜畑遺跡をはじめとする住居跡、その復元模型などから分かることだが、すでに戸は夫婦親子の家族から成っていたことが想像できる。ムラの社会的分業すなわち、はたらく力の振り分けとは基本的に戸別に農耕を行うこととさまざまな共同作業を分担し合うことである。共同作業の中には耕地の開発、灌漑づくり、種まき、植えつけ、道路や橋づくり、災害復旧など実にさまざまであり、時を隔てても戦後のしばらくの間、手間がえ（ゆい）などが残っていたむらのすがたとほとんど変りないものと考えられる。

近親結婚の弊害をさけ、健全なはたらく力をつくり出すことができるのは最低でも三〇戸前後は不可欠である。場合によって、近隣のむらびととの縁組も当然あるが、これだけの戸数があればなんとか血が濃くならない婚姻の組み合わせが可能で、はたらく力の後継づくりがつづけられる。

当時の一戸（家族）の平均人数を一〇人程度と仮定するならばムラの全人数の標準規模は三〇〇人ほどとなり、はたらく力を十分発揮できるのは大体全人数の半数の一五〇人ほどとなる。これが、その労働力の人数となろう。老人となりへたばることや病気などではたらけなくなることも想定し常にこの数が維持されなければならないことになる。

ある調査によれば、わが国の江戸時代、一八世紀前半のむら、大名による人為のむら（約八万のむらが置かれたともいわれている）の数は約六三〇〇〇とされ、むら平均人数は四〇〇人ともいわれている。

地球上に存在したムラはすべて立地条件が異なるもので千差万別、どれ一つとして同じものはない。しかしながら、人間の能力に大差がない以上は、ムラの戸数も人数も生きるために必要な適正規模を保たなければならない。それが多すぎても、少なすぎても、社会的分業に支障をきたすことになる。これを避けるためにムラびとが心がけていたのは次のことがらであろう。すなわち、無理をしない、無駄をしない、病気にかからない、自然災害から身を守る、争いをしないことである。とりわけ、無駄しないという経済的にということは最優先のことと考えられる。遺跡をめぐってわかったことだが、先述の大塚遺跡や登呂遺跡はその詳細は分からないが、大体五，六〇年か七，八〇年で亡んだと言われていることである。その原因はいま述べた五つのうちのどれか、または、そのいくつかによるものか、よくわからないがとにかく適正規模が保たれなかったためであろう。

これらとはちがって前述の菜畑遺跡の場合は、明らかに単独では社会的分業は成り立たず、大体同じ規模の周囲に存在したいくつかの集落と結びつき一つのムラをつくっていたことが想定できるし、また、板付遺跡の場合は単独で一つのムラをつくっていたようだがこれも前述のごとく台地上で北から南へと場所を変え、分村という見方もあるが、とにかく、長くムラをつづけている。

以上のような断片的と言う外ないことがらを繋ぎ合わせ推測することにより、わたしは三〇戸前後、ほぼ三〇〇人を標準的で平均的なムラのすがた、すなわち、適正規模と想定しているのである。もちろん、この当否もあるが、要は、社会的分業なしには生きていけない以上、洋の東西を問わずそこにはそれにふさわしい規模、かたちの人間の集まりというものは必ず存在していたはずという確認をしておくことであろう。

Ⅲ　権力者による社会的分業の私物化、餌食化

1　日本の律令制中央集権国家

(1)　大王のムラ　大王のムラびと

わが国でムラがつくられたのは、金属器を伴い稲作が伝わった紀元前三〇〇年ころと考えられている。それから一〇〇〇年ほど経った八世紀の半ばにはムラびとの生きる唯一のよりどころであるムラの社会的分業のことごとくが潰滅の渕に立たされてしまう。このことは当時五六〇万といわれるムラびとのほとんどが生きていけなくなったことを意味するわけで、わが国開闢以来の一大事であった。なぜ、このような悲劇が引き起こされたのであろうか。ここから、その原因の概略を述べることにする。

ムラ、すなわち、自然的農耕集落のムラがつくられたことを示す遺跡についてはすでに述べた。ムラが集められ、いくつかのクニがつくられていく大体紀元前一世紀ころから紀元一、二世紀ころまでのわが国のようすを示す資料に中国の前漢の正史『漢書《かんじょ》』「地理志」（一世紀の班固の撰）と後漢の正史『後漢書』巻一一五「東夷伝《とういでん》」（南朝の宋の范曄《はんよう》の撰）がある。その「地理志」には「それ楽浪海中に倭人あり、分れて百余国となる。歳時をもって来り、献見すと云ふ。」とある。また「東夷伝」

では「倭は韓の東南大海の中にあり、山島に依りて居をなす。およそ百余国あり。…国、皆王を称し、世世統を伝う。その大倭王は邪馬台国《やまたいこく》に居る…」と記述されている。さらに、一〇〇年ほど後の三世紀には百余国が三〇ほどに統合されたことが『魏志《ぎし》』（倭人伝《わじんでん》）の次の記述からわかる。
「倭人は帯方《たいほう》（いまの韓国ソウル付近）の東南大海の中にあり、小島に依りて国邑（封侯の封地）をなす。旧百余国。漢の時朝見（参内して天子に拝謁）する者あり、今、使訳（使者と通訳）通ずる所三〇国…。」以上（　）の注は筆者記入。

この俗称「魏志倭人伝」に記された三〇国（クニ）の内で、現在その存在地域がほぼ確定しているのは、対馬国（対馬）、一支国（壱岐）、末盧国（唐津）、伊都国（前原）、奴国（春日、福岡市東部）である。その他の二五の国（クニ）の所在は不明のようである。（　）の中はその比定されている所。

ちなみに、前述の菜畑遺跡のムラは末盧国の支配下になり、そして板付遺跡のムラは奴国に統治されていたことになる。福岡湾の志賀島で一七八四年（天明四）発見の金印、「漢委奴国王」は、奴国王が後漢の光武帝の五七（紀元）年に朝貢し、印綬を受けたものと考えられている。

紀元前二〇〇年ごろから人が住み始め、紀元二〇〇年ごろ国内最大規模の環濠集落となった吉野ヶ里遺跡が一九八六年発見されているが、ここが何という国（クニ）なのか、その他分からないことも多く、目下発掘調査継続中のようである。

ところで、以上の中国の歴史書の記述は、いわゆる縄文人や渡来した弥生人がつくった社会的分業のムラムラがリーダーから変身した権力者によって百余国（クニ）にまとめられ、それらがさらに、三〇国（クニ）に、そして、四世紀の半ばついに、それらが大王の手によって一元化されたプロセスを示すものであろう。すなわち、三〇国（クニ）の権力者（王）によって私物化、餌食化されていた全国津々浦々のムラの社会的分業が大王によって独占的に私物化餌食化されていく歩みといえる。このことは、また、その私物化餌食化の本格化を示すものである。

この本格化とは、大王が自らの欲望の実現に欠かせない富の獲得のために、法律をもって、つまり、いわゆる「律令《りつりょう》」（律は刑法、令は命令）をつくり富の唯一の生産地であるムラの社会的分業をより厳しく私物化、餌食化していったことである。

このことにより、遠い昔からムラびとが知恵を出し合い助け合い汗を流して開墾し代代いのちがけで守ってきた田畑や牧草地、灌漑設備などの土地はもとより、ムラびと自身も大王の所有物にされてしまったのである。大王のムラ、大王のムラびとにされた以上ムラびとは大王の命令に背くことはできない。命令どおり税を納め、兵役や労役などに服することがムラびとの果たすべき義務となった。ムラびとにはわずかの菜園と宅地のみが残されたといわれている。

こんなかたちでムラを失っても、ムラびとは父祖伝来の土地への愛着は変わらなかったが、かつてのような創意工夫の心や勤労意欲などはしだいに体から消えていった。何よりもつらかったことはムラの社会的分業がかつてのように順調に進まなくなったことである。

これより、その本格化の中身について見ていくことにする。

ムラの社会的分業の私物化餌食化の本格化、つまり、法の断行をはっきり宣言したのが大化改新《たいかのかいしん》

(六四五)である。その断行の第一が、中国の唐が採用し結局唐を崩壊に導いた均田制にならい制定した班田収授法《はんでんしゅうじゅのほう》である。この法をつかって富の収奪、独占をするシステムが大王による律令制中央集権国家であった。稲は富の主要なもの、そのため、とくに、水田の管理は厳重にし、大王は全国の水田を一元的支配のもとに置かねばならなかったのである。

大王に私物化された全国の水田は、公地と称され、すべての人民を良・賤の身分に峻別する良賤法に基づき満六歳に達した良民男子には二反(当時の一反は三六〇坪、いまは三〇〇坪)女子にはその三分の二を与えた。賤民男女には良民男女の三分の一が与えられた。この水田が班田《はんでん》、すなわち、口分田《くぶんでん》と呼ばれた。このことは郡単位で実施され六年毎に戸籍や計帳に基づき改められた。死亡すれば次の班年に収公(没収)された。

大王によるムラの社会的分業の私物化によって何が引き起こされたかについては、既に述べているが、さらに言えば、かつて、ムラびとが自分のものとして耕してきた水田が取り上げられたこと、まわりの山、川、海などの自然をムラびとが自由に使えなくなったこと、ムラびとは良賤間の婚姻禁止、しごとの厳格な区別などで相互のきずなや助け合いの心などが引き裂かれたことである。これらのことはムラのはたらく力の社会的振り分け、すなわち、本来のムラの社会的分業の営みがつづけられなくなることを意味する。このことによって、これまでのようなムラびとの自給自足が難しくなったこと、つまり、過不足のないはたらく力の社会的振り分けでやっと手にすることができていたムラの富の生産が次第にできなくなっていったことである。

さて、大王が採った次の手（その断行の第二）は国郡里制を採用し地方行政制度をつくり上げたことである。これは、もちろん、富の増産とその収奪をスムーズにするためのものである。それまでのムラを五〇戸で一里（後に郷）とするものに大きく変え人為（行政）のムラをつくった。里の集合したものを郡とし、一六—二〇里を大郡、九—一二里を上郡、五—八里を中郡、三—四里を下郡、一—二里を小郡と定めた。そして、これら大、上、中、下、小の郡を国とした。全国を五八（後に六六）に分けた。ちなみに、五戸をひとくくりの保に分けすべてのことに連帯責任を負わせた。

かつてのムラは平均して二〇～三〇戸が集まり、長年の血縁や地縁で結ばれていたが、それがばらばらにされ大王や権力者に都合のよいものにされたわけである。繰り返すことになるが、ムラは絆を切られた人間の単なる集合体と化したことになる。

さらに、より確実に富の収奪を行い自らの権威を保持するために大王が行った第三の手（その断行の第三）は、ムラびとに対して令をつくり、すなわち、税や労役や兵役のきまりをつくり、それを厳しく強制したことである。これがまさにすべてのムラびとの餌食化である。

税には租《そ》（稲）、庸《よう》（労力）、調《ちょう》（穀物以外の生産物）、雑徭《ぞうよう》、出挙《すいこ》、運脚《うんきゃく》、兵士役《へいしやく》があった。

租は田租（稲）、一反に二束二把（約米三升）、これは国衙《こくが》（諸国の政庁）に納めた。庸は男子のみ、年に一〇日食料自弁で服する労役。代納物として主に布、その他米、塩、綿など。中央（都）への運送は庸を出す戸の負担。庸、調は重税となった。調も男子のみ、絹、糸、布、海産物など、これらの運搬もムラびとの負担。雑徭は男子のみ、年間六〇日、国司の権限で、国の土木工事に従事、食料自弁。出挙は国衙の官稲のムラびとへの強制的貸しつけで利稲（利子）を取るものである。とくに雑徭と出挙は直接ムラびとの生活をおびやかしつづけた。運脚とはムラびとが徒歩で調、庸を都に運び貢納すること、その経費は自弁、きわめて過酷なものであった。

実態はこれを越え、さからえばかならずきびしい処罰と死がまっていた。

兵士役は諸国内の数郡毎に軍団をつくり、二一―六〇歳の男子の三分の一を徴発、一〇〇日に一〇日訓練、すべて費用は自弁。都の一年勤務の衛士《えじ》、三年間辺境防備勤務の防人《さきもり》、これら課役《かえき》の中で最も過酷なものが、兵士役であった。ムラびとに直接かかわり戸口をしらべ賦役を催促し監督するのは里長《さとおさ》であった。

話は前後するが、冒頭で述べた一、二世紀ころの権力者によるクニの誕生から大王の律令制中央集権国家成立までの約七〇〇年にわたりムラびとが権力者に奉仕した負担はたいへんなものであった。

小権力者となったリーダー（豪族）たちのムラ集め囲い込みの戦争、リーダーたちの根城づくりやリーダーのクニづくりの戦争、クニの王の本城建設やクニ集めの戦争、そして、大和政権の統一のための長くはげしい戦争と、実に数えきれないほどの戦争の軍資や兵役などを負担したのはすべてムラびとである。とくに戦場に近い畿内とその周囲のムラびとのそれは過酷なものであったといわれている。国内戦だけではなく対外戦においても、たとえば三九一年の高句麗との交戦に代表されるいくつかのわが国の自立、独立戦争ともいえる戦いをもムラびとが支えた。これで、ムラムラの社会的分業が滞らないはずはなかった。

(2) 社会的分業のムラの潰滅

外国に負けない強く大きい国になれば、しあわせが来るとたたき込まれムラびとのだれもがそれを信じ期待に胸を躍らせた。しかし、そうはならなかった。大王の中央集権国家成立後も大王や臣下の貴族たちのどこまでもの贅沢な暮しを支えつづけたのは貧しいムラびとであった。大王が交代するたびといっていいほどくり返された都づくり（橿原《かしはら》宮から平安京までおおよそ六一回）、そして、歴代の大王を葬った巨大な数多くの墳墓づくり、さらに、大王やその一族の現世と死後の安楽のためのたくさんの大神社づくり。東大寺とその大仏、諸国の国分寺、国分尼寺などの大寺院の建築に駆り出されてこき使われたのは貧しいムラびとだった。何もかもすべてが貧しいムラびとの血と涙と汗の結晶である。ムラびとには、しあわせなどは無縁の話であった。

これまで述べた大和政権がやった「律令」すなわち、班田収授法、国郡里制、税や労役や兵役のきまりでかつてのムラびとのためになったことは何かあったであろうか。すべてがムラびとから富を収奪し大王とそのとりまきの貴族（官僚）たち権力者のこの世の欲望とあの世の冥福をかなえるためのものであったといえよう。多くのムラびとは飢えと絶望の中でまことに空しく恐れおののくばかりであった。ムラの社会的分業の私物化餌食化、すなわち、ムラびとの私物化、餌食化とはまことに酷いものである。

ところで、このような中だが、ムラびと向けに里長などの役人による勧農、すなわち、農耕と養蚕などの技術指導も実施された。しかし、これはあくまで富の増収をさせそれを吸い取るためのもので、崩壊しつづけるムラの社会的分業の再生、修復にはほとんど何の役にも立たなかった。とにかく大王の権力の維持と栄耀栄華のために「律令」をつくっての富のあくなき収奪というものは全国のほとんどのムラの社会的分業をそれこそ物凄いスピードで再起不能状態にさせ潰していったのである。

次の邇磨郷《にまのさと》の人口激減の例はまさに、一斑を見て全豹を知るもの、日本全体のムラの社会的分業の全面的行き詰りとその崩壊のすがたをたしかに伝えるものであろう。「邇磨郷の課丁（課口）数の推移」―九一四年、醍醐天皇（在位、八九七―九三〇）の求めに呈上した「三善清行意見封事《ふうじ》十二箇条」より

ちなみに、三善清行（八四七―九一八）は、菅原道真（八四五―九〇三）とともに、当代有数の漢学者、文章博士兼大学頭、参議、宮内卿、延喜格式《きゃくしき》の編集に参加している。

課丁《かちょう》とは調、庸を負担するムラびと（一七才～六五才までの男子）。邇磨郷はかつて二万郷、現岡山県吉備郡真備町。

六六〇年	二〇〇〇〇人
七六五年頃	一九〇〇〇人
八六〇年頃	七〇人

八九三年（寛平五）　　九人
九一一年（延喜一一）　○人

この邇磨郷は吉備真備《きびのまきび》（六九三―七七五）の墳墓の地である、もともとこの一帯は肥沃な地で、早くからムラの社会的分業も盛んで、近くには全国第四位の造山《つくりやま》古墳や第九位の作山《つくりやま》古墳などの巨大古墳がつくられている。また、この郷からは雄略《ゆうりやく》天皇（在位四五六―四七九）の時、王権さん奪を企てたほどの大きい権力も生まれている。

六六〇年（斉明天皇六年）百済《くだら》は日本に救援を求めた。翌年、それに応え、斉明天皇（女帝、在位六五五―六六一、皇極《こうぎょく》天皇重祚）は新羅《しらぎ》征討に進発、途中この地に立ち寄った。その際兵士を徴発したところ、たちまち、優秀な兵士二万人を得たといわれている。これによりこの地を二万郷《にまのさと》と名づけたことが、「三善清行意見封事十二箇条」の中に記されている。ちなみに、封事とは天皇に意見を封書で提出することである。

かつて即座に二万の兵を差し出せるほどの郷が、右のごとく課丁数ゼロと報告せざるを得なかったのには、想像を超えるムラの崩壊がすすみ、ほとんど社会的分業などできない状態に立ち至っていたことを物語るものではなかろうか。豊かなムラでさえこのありさまであった。全国のムラムラの荒廃、推して知るべし。

戦後、一九四五年から高度経済成長をはさむ約六十年間の日本の人口増加の五千万人は異常といえるが、それにしても、暮らし向きと人口の増減は遠い昔から深くかかわる。社会的分業が不調の時、人口が停滞または減少するのが歴史の原則である。

右は大和政権の成立のころ、二万人の課丁数が約二五〇年後、〇人となったとするこの激減の理由として、戸籍と実態の相違や課役《かえき》免除の特権を得た有力農民の増加の結果の数とする推測もある。しかし、これには賛成できにくい。

日本歴史の人口推計によれば、弥生時代（前三〇〇―三〇〇）に六〇万人、奈良時代七五〇年（天平勝宝）で五六〇万人、平安時代の九〇〇年（昌泰3）で六四〇万人、一一五〇年（久安六）で六九〇万人となっている。大和政権の統一の四世紀から大王による律令制中央集権国家が衰える九世紀はじめにかけての約五〇〇年余はムラびとの貧しさからくる人口の一大停滞期であったことがわかる。

課丁数、すなわち、課口《かこう》人口の減少はいやおうなしに大王やその一族、官僚（貴族）らの富である租、調庸などを減少させる。そもそもこのことを生じさせたのは、すでに述べたように権力者たちが「律令」（法律）までつくりムラびとの社会的分業によって生み出される富を、情け容赦なく収奪しつづけたことによるものといえよう。

この邇磨郷の例の外には、記録としては、ムラの社会的分業の行詰まり、崩壊をわずかでも知りうる手がかりはほとんど何も残されていないようである。『万葉集』に「貧窮問答歌」（山上憶良）があるがこれからはムラびとの困窮の極みのほどはたしかに分かるが、社会的分業の行詰りや崩壊のことはよく見えてこない。こうなるのも、ムラびとの生きるよりどころである社会的分業がどうなろうと、ムラびとの苦しみ悲しみなどはどうでもいいものとして歴史から消し去られてしまっているからであろう。

もとより、権力者たちはムラの社会的分業の重要さにもその行詰りや崩壊にも気づけなかった。このことからくる自らの富の激減に対して、これまで通りの富を確保するために権力者たちが考えついた新手が、ムラびとの浮浪、逃亡などで荒廃した田畑を浮浪、逃亡したそのムラびとをつかい手直ししたり、未開地を開墾したりして、そこから富を得ることであった。このようにして手に入れた田畑を彼らが三代まで所有できるようにしたのが七二三年の三世一身《さんぜいっしん》の法《ほう》である。しかし、これでは富が十分得られないのに気づき、打った次の手が、七四三年の墾田永世私財法《こんでんえいせいしざいほう》である。

これを境に、大王自身も貴族の権力者たちも、かつての公地公民（大王の私有のムラとムラびと）を競って分割し、なり振りかまわず私物化餌食化することをはじめた。これが後にとり上げる荘園のはじまりである。

多くのムラびとは権力者によって馴染みのうすい土地で開墾などに使役され耕作人として土地にしばりつけられた。また、これまで経験したことのないはたらき方を強制されることになった。このことは、五〇戸を一里とするムラに変えられたとはいえ、それでも多くのムラびとにとって忘れられない、かつてのわがムラでの社会的分業へは再び立ち帰れないことを意味した。このことはムラびとにとって重大なことで、すなわち、全国のムラの社会的分業の完全崩壊によってほとんどのムラびとが生きていけなくなったことを示すものである。ムラびとにとって、まさにわが国開闢《かいびゃく》以来の一大悲劇であった。このことは、班田収授法をはじめとするいわゆる「律令」によって引き起こされたことはまぎれもない事実である。また、班田収授法によりムラびとから収奪した富に全面的に依存してきた大王による律令制中央集権国家は全国のムラの社会的分業の完全崩壊を意味する墾田永世私財法の成立をもって、実質的に潰えたことになる。すなわち、班田収授法の施行が飛鳥浄御原律令《あすかきよみはらりつりょう》（制定六八一年）施行の六八九年だからわずか五〇年余でその国家は終焉を迎えたわけである。

ここで、天皇という呼び名について一言触れておくことにする。大王（王の王）の呼び名が天皇に変わり始めるのは、再び起こり始めた国（クニ）の王らによるムラの私物化を止めさせ、大王によるその独占的私物化を断行していく六世紀末から七世紀のころと言われており、それが一応、定まるのはすでに述べた飛鳥浄御原律令、七〇一年制定の大宝律令、そして、七一八年制定の養老律令によって律令制中央集権国家が成立する八世紀の初頭とされている。ちなみに、この国家の潰えとともに天皇の名は歴史の表から沈んでいった。その名が再度、表に出てくることになるのが明治維新である。

2　古代ローマ

(1)　ローマのイタリア半島征服

ローマの帝国への領土拡大の歴史はローマの権力者が、まず、ローマのムラの社会的分業を潰し、次にイタリア半島のムラの社会的分業を潰し、さらに、属州のムラの社会的分業までをも潰し、自らの墓穴を掘る歩みであった。どうしてなのか、その歩みを三幕に分けて述べてみたい。その第一幕は、約一〇〇〇年のローマ史のうち、王政を廃し開始した共和政の権力者によってローマのムラの社会的分業が私物化餌食化されほとんど潰されてしまった約二四〇〇年足らずの歩みである。

古代ローマにもいずれの国とも同様に建国伝説がある。すこしそれに触れておく。

その起源はトロヤ（小アジア西北部のヒッサルリーク丘の古代都市）をギリシアが陥落させたトロヤ戦争（紀元前一二〇〇年ごろ）までさかのぼり、トロヤの敗将アエネアスの子孫、ロムルスとレムスの双子の兄弟はめす狼の乳をのみ育ち、やがて、ロムルスがレムスを殺し初代の王となり建国されたとされる。その後、六代の王がつづいたとされている。

この兄弟殺しの伝説は何を物語っているのだろうか。同じ乳を飲み育ったはらからの情愛も、権力と富を前にした場合何のきずなともなり得ないということなのだろうか。人間の独占欲の強さの証明なのだろうか。源頼朝《みなもとのよりとも》の義経《よしつね》殺しもこの類なのか、人間の何ものなのかを、あらためて考えさせられる。

ところで、ラテン人の一部のローマ人は、紀元前八世紀ころ北からイタリア半島中部のテベレ川下流域に移住し小集落をつくった。やがて近くの七つの丘に分散定住し、それぞれがムラをつくり、リーダーのもと農耕と牧畜で暮らしていた。実際は北方エトルリア人の勢力下にあったようである。

ここでの農耕はムラの全開放耕地を二分し、一方にコムギ、ライムギなどを秋まき、他を休閑し次年それを交代しくり返していく二圃式農法であった。土はね板のない有床の犂《すき》を使っていたしオリーブ、ぶどうづくりが行われていた。これらはオリエントからギリシアへ、そして、ローマへと伝えられたとされている。

紀元前六世紀のはじめまでに、エトルリア人の支配の下で七つの丘のムラびとは一か所に集まり王が立ち、いわゆる一〇〇〇以上あったギリシアのポリス（都市国家）と同じような都市国家ローマがつくられていた。

エトルリア人は、小アジアからの移住者ともいわれているが、ローマ人がテベレ川下流域で、ムラをつくったころは、すでに中北部で青銅器文化や鉄器文化を持ち古代オリエントから伝わった地中海農耕で暮し、支配地内にいくつもの都市国家をつくっていた。そのころ、イタリア半島の靴底にあたるイオニア海に面する地方には広くギリシア人が植民していた。

古代ローマを含む地中海世界の王は、古代オリエントや東アジアの王のようなうらない師の長ではなく、神に最も近い絶対的権力をもつものではなかったようである。

古代ローマの王は、集団のリーダーとしての性格が強く、有力氏族長たちでつくる元老院によって補佐され、行き過ぎはコントロールされていた。

紀元前五〇九年ローマ人はそれまで従っていたエトルリア系の王、前述の六代の王の最後のタルクイニウス・スペルブスを追放し、王の権限を受け継ぐ任期一年の二人の名門貴族による最高政務官（コンスル）と貴族による元老院（はじめ、議員三〇〇人、紀元前一世紀六〇〇人、四世紀二〇〇〇人）を中心とする共和政を開始した。しかし、貴族と平民（ムラびと）の利害争いが激しくなった。そして、貴族は平民に譲歩し、平民の権利を守る護民官や平民だけの平民会が前四七一年につくられた。紀元前四五一年には平民の要望を容れ、貴族の手中にあった慣習法が「十二表法」として成文化された。

さらなる譲歩として、当初は最高政務官二名の定員は貴族独占だったが、紀元前三六七年リキニウス・セクスティウス法の制定で土地が一人の人間の手にかき集められる無秩序をなくするため土地所有制限（一人約一二五ヘクタール）をするとともに、最高政務官二名のうち一名は平民から選出されることになった。また、紀元前二八七年には、ホルテンシウス法（平民会の議決が元老院の承認なしに全市民に適用される法となる）がつくられた。これにより平民会は法を専門につくるところになった。

ところで、共和政のローマのリーダーたちの最大の使命は、もともとの農地法にもとづきローマのムラびとが農耕、牧畜による社会的分業に専念できるようはたらく力の社会的振り分けをすることである。

しかし、共和政のリーダーである最高政務官や一部の元老院議員たちはいつしか、自らのやるべき使命をすっかり忘れ去り、わが身、わが一族の現世と未来の安泰のみを願う、富と権力のみを限りなく追い求める人間、権力者となっていった。

プラトンの『国家』のことばを借りれば名誉支配的人間、寡頭《かとう》制的人間に、すなわち、自らの富と権力のためには、ムラびとの私物化餌食化などいささかも恥じることのない人間になりさがっていたことになる。

彼らにとって、富を限りなく独占する方法は何か、それは一つしかない。より多くのムラ（土地）とムラびとを私物化することである。これには、ローマのムラびと（平民）を兵士として使い、近隣のムラムラの侵略、略奪の外にない。

右に述べた平民会創設や最高政務官の平民からの選出などの一連の貴族の平民への譲歩は、まさに、このためのものと考えられている。

その近隣侵略の始まりは、紀元前五世紀、前述のエトルリア人との戦いであるが、つづいてサビニ人など東部山岳族との激戦があり、紀元前三九六年には最強のエトルリア人都市、ウエイイを陥落させた。紀元前三八七年、ローマは北方からケルト人の侵入を受けたが、紀元前三三八年にはラテン諸都市との全面戦争で勝利し、ローマの東南の地ラチウムを勢力下におさめた。紀元前二七五年までに南東部カンパニア地方を服属させ、紀元前二七二年、タレントウム（イタリア半島の靴底、現タラント）を占領し、ポー川以南のイタリア半島のムラとムラびとを支配下に置いた。これらの勝利はイタリア半島の全統一を意味する。これによって、ローマはギリシア世界とも対等の地位に立つことになった。

このようなほんの一部の人間、権力者の欲望をかなえるためとも言える古代ローマの領土拡大劇を兵士として支えつづけたのは、ムラで農耕や牧畜によって平穏に暮していたムラびとである。彼らのほとんどが自分のムラの社会的分業の担い手の自作農民であり、侵略戦争のための莫大な戦費の負担者であった。したがって、彼らは兵士と戦費負担の二役を果たしたというよりも、侵略、略奪劇のすべてを背負わされたと言うのがふさわしかろう。

かぶと、胸甲、脛当てをつけ、槍、たてを持ち、戦いの最前線の重装歩兵となり質実剛健を誇る勇敢な戦士としてイタリア半島全域征服戦を戦ったと歴史上、語り伝えられているのはまさに彼らであった。

一見、はなばなしく見えるイタリア半島全征服戦の陰で、ローマのムラびとはかつて経験したことのない生存の危機にみまわれることになった。

それはローマのほとんどすべてのムラの社会的分業が行き詰まり崩壊に向っていったことである。

それはなぜなのか、その最大の要因はいまも述べたことだが、権力者たちが、ムラびとの生きる唯一のよりどころの社会的分業が行き詰まろうとどうなろうと構うことなく、ひたすら自らの富と権力と欲望のために重い租税負担のムラびとにさらにきびしい兵役や労役などを課し、扱き使いつづけたからである。これがローマの権力者たちによるローマのムラの社会的分業の私物化餌食化である。

権力者によるその私物化餌食化は、以上のことに止まらず、次のようなことを許し行き詰り壊れはじめたムラびとの生命線の社会的分業に、さらに追い打ちをかけ崩壊へと決定的なダメージを与えたのである。それは、征服した土地は公有地とされたが、ムラびとには何の恩恵もなく結局、権力者や、富裕な人々、貴族や役人などの小権力者、そして商人たちの所有にされてしまい、おまけに、戦死や戦いでの傷病などにより離農を余儀なくされたローマのムラびとの土地までが彼らに併合されてしまったことである。そして，彼らは前三六七年の法による土地所有制限（一二五ヘクタール）などは完全に無視し、このような手で自らのものにした広大な土地に戦争奴隷を使用し、金もうけのための農耕、牧畜を行い、富の蓄積にいそしみつづけたのである。このように彼らはムラの再生、すなわち行き詰った社会的分業を必死に修復しようとする自作農民をはじめとするムラびとにとって許し難い敵対者として立ちはだかりつづけたのである。

結果は当然のこと、都市国家ローマのムラびとの社会的分業は完全に行き詰まり、ムラびとの多くは食べていけなくなり路頭に迷うことになった。これが前二〇〇年前後の共和政ローマがイタリア半島のほぼ全域を手に入れ、さらに属州の獲得につきすすんでいた時のムラとムラびとのすがたであった。

それにしてもローマ人の唯一の自給自足の場所、社会的分業の営みの舞台であるローマのムラを権力者自身が潰していることに気づき、このことに真剣に向き合うリーダーが一人も元老院にも平民会にもいなかったことは古代ローマの最大の悲劇といわざるを得まい。

(2) イタリア諸都市のローマ化

第二幕はローマの権力者によって征服されたイタリア半島諸都市国家がローマ化する時代、すなわち、それらの都市国家のムラの社会的分業がローマの権力者によって私物化餌食化され潰されていった時代である。ローマ化とは(1)ローマのイタリア半島征服で述べたことであるが、要するにローマの権力者たちの欲望をかなえるためのイタリア半島征服戦にローマのムラびとに過重な税ときびしい兵役を課し、ローマのムラの社会的分業を潰したようにその後の属州略奪戦にイタリア半島のムラびとに、イタリア半島征服戦でローマのムラびとに強いた負担と同様のものを強制し彼らの社会的分業を潰していったことをいう。つまり、征服したイタリア半島の諸都市国家やその後獲得した属州のムラびとをローマのムラびとのような悲惨な運命をたどらせたことである。ちなみに、属州（プロビンキア）とはローマがイタリア半島以外に獲得した植民地（ムラ）のことである。

飽く無き領土拡大をめざすローマの権力者は征服したイタリア半島の諸都市国家の市民（ムラびと）にローマのムラびとと同様のきびしい納税と兵役の義務を課した。しかし、その代わりラテン人の諸都市国家の市民にはローマ市民権を与え、非ラテン系諸都市国家の市民には、ローマでの投票権はないが、ほぼローマ人と対等の市民権を与えた。また、これらの都市国家を同盟市にした。

このようにして逆らえなくなった諸都市国家のムラびとはローマの自作農民と同じく、重装歩兵としてローマの地中海世界征服のための戦いにかり出された。このことはローマの権力者による諸都市国家とそのムラびととの私物化餌食化ということになる。

ところで、地中海世界征服戦のローマとカルタゴの三回にわたるポエニ戦争の第二回の戦争（前二一八―二〇一）でカルタゴの名将、ハンニバルのアルプス越えでのイタリア攻略やハンニバルを追撃し、前二〇二年カルタゴ南方のザマで大勝利を博したローマの将軍大スキピオ、そして第三回の戦争（一四九―一四六）でカルタゴを滅亡させた小スキピオ（大スキピオの孫）などの活躍戦闘話はよく語りつがれているところである。しかし、これを支えつづけたのは、イタリア半島諸都市国家のムラでローマのムラびとと同じく農耕や牧畜による社会的分業を支え家族のためにはたらいていた男たちであった。

彼ら戦士の脳裏にはいつも遠くはなれた日ごとにさびれゆくムラの景色、窮乏にあえぐ家族のすがたや愛する人の顔が浮かび、けっして消えることなどなかったはずで、なぜだ、だれのために戦わねばならないのか、釈然としない思いの中で恨みばかりを募らせていたことだろう。

それらイタリア半島諸都市国家のムラびとは、いまも述べたことだが、ローマのムラびとと同様、莫大な戦費や戦略上の道路づくりなどの大事業に従事する労役と重税と兵役のきびしい負担から逃れることはできなかったわけだからローマのムラびとと同じような悲しい運命をたどることになる。

イタリア半島諸都市国家のムラの自作農民のほとんどが兵士となり、長期間戦場におもむいたため、農耕の担い手がいなくなりムラの土地は急激に荒れた。そのため、運よくいのちをもって帰ってもムラびとは容易に農耕や牧畜を再開できなかった。

ムラの社会的分業を元のすがたにもどすことの困難を悟った彼らの中でも、とくに力のない中小農民の多くは父祖伝来の土地を手放し流浪の身とならざるを得なかった。これは、まさにローマのムラと少しも違わぬ光景である。すでに大都市になっていた都市ローマはこのような没落失業農民であふれたといわれている。

もともと失業も貧困もつくられるもの。前二世紀半ばの都市ローマのこの状況は、結局、共和政ローマの権力者による周りの諸都市国家の私物化、餌食化によって生み出されたもので、まさに、つくられた失業と貧困のヨーロッパ史上の初見といえよう。

イタリア半島諸都市国家といっても社会的分業のムラの集合体である。すでにローマのムラの社会的分業を潰していたためイタリア半島諸都市国家からの富に大きく依存していた都市国家ローマの権力者や貴族たちは、その諸都市国家のムラムラの社会的分業をも物凄い速さで行き詰まらせたことにより富の収奪がままならず自らの収入を減らしていった。

都市国家ローマの権力者や貴族たちの手元不如意の傾向はすでに前二七二年、イタリア南部タレントゥムを占領し、イタリア半島を全統一したころよりはじまっており、前述したように征服したイタリア半島のムラびとにはローマ市民権を与えるなどの手を使ったのは厳格にムラびとの社会的分業を私物化餌食化できるだけ多くの富の収奪を行うためのものと見ることができる。

それでも手元不如意となる権力者、貴族らが考えついたのが、分け前（給料）に頼らず自らの手で自らの収入を確保する方法である。それは、侵略戦争でとったイタリア半島諸都市国家のムラやその周辺の属州のムラを自らの所有の土地とし、そこでムラびとを奴隷としてはたらかせ富を得ようとするものであった。

ちなみに、前二四一年のシチリアの属州化で八二〇〇〇の奴隷を手に入れたといわれている。すでに述べたように、ローマでは征服した土地を公有地と呼び少数の貴族などの富裕者がそれを独占所有することが行われており、前三六七年のリキニウス、セクスティウス法による公有地占有を一二五ヘクタールに制限したことなどはまったく有名無実化していた。

このような彼らの土地独占による大土地所有、ラティフンディウムのはじまりは紀元前二世紀のはじめからである。これもすでに述べたが、彼らは公有地の独占的占有のみならず多くの没落自作農などの土地を私物化し、その広大な土地で戦争捕虜を奴隷としてつかう大農業によって、牧畜やオリーブ、ぶどうなどの果樹栽培を行い独占的利益を上げ多くの富を得ようとするものである。

このやり方は奴隷を強制労働させ、一方では、安く買って高く売る式の商人的儲けの方法で富を独占するという悪徳もこの上なきもので、ムラの中の必要なしごとに過不足なくはたらく力を振り分ける社会的分業とはまったく逆のものであった。ムラの社会的分業を潰すもの、ムラびとから土地を取り上げ失業させるもの、多くのムラびとにとってはたいへんつらいものであった。

　この大土地所有の中心的人間は、権力者を支えるべき将軍、総督、商人、徴税請負人などのいわゆる富裕者であった。

　どのムラもそうであるが、ムラびとがその気候、地質、地形、植生などを考え、創意工夫と協力と汗水によって数千年の歳月をかけつくり上げたものである。このようなムラが富裕者の私有地となることはムラがムラでなくなること、つまり、ムラがムラびとの社会的分業の舞台でなくなり単なる土地の広がりと化したことになる。

　このような状況に危機感をいだきムラの再生を試みたのがグラックス兄弟（兄、チベリウス、弟、ガイウス）である。彼らは前一三三年から前一二一年にかけ、富裕者の大土地所有を抑え、自作農民を育てかつてのようなムラにかえす改革を行った。しかし、富裕者、すなわち、大土地所有者たちの猛反発を受け殺され、その改革は無残に失敗した。

　前一一一年の土地法は占有地の私有も認めるものであったので逆に大土地所有者による土地の集中に拍車がかかり、辛うじて生き残っていたムラの社会的分業もいっそう破壊され、多くの自作農民や小作人を没落させた。その結果兵士の主力であった自作農民の重装歩兵が著しく減少しローマの軍隊の力は衰えたといわれている。

　これにかわる兵制として私兵（職業）軍団をつくる軍制改革がマリウス（前一五七―前八六）によって提案されたのは右の土地法のすぐ後、前一〇四年のことであった。

前述のごとく共和政ローマの前二世紀は属州の獲得と富裕者による公有地の私有化がどんどん進み大土地所有の大農業が盛んになる時代で奴隷の蜂起も平行して属州の各地で多発した。奴隷による大農業の盛んに行われていたシチリア島では前一三九年には二〇万人の奴隷の蜂起が、そして、前一〇四年には十万人のそれが起こった。これらは、本格的奴隷戦争ともいわれている。

奴隷の蜂起は止むことはなかった。南イタリア、ナポリのベズビオ山に拠る前七三―七一年のスパルタクスの蜂起は、その数一二万人に達しローマの支配層を脅かした。スパルタクスはローマの見せもの剣奴、剣闘士奴隷であり、この蜂起に参加した奴隷の大部分はガリア（フランス）、ゲルマニア（ドイツ）トラキア（ブルガリア）などの出身戦争捕虜であった。

彼らはそれぞれふるさとのムラで自作農民として社会的分業の農耕と牧畜を営み暮らしていた人たちだった。この蜂起はアペニン山脈を越え、さらにアルプス山脈を越えふるさとの地に帰る戦いであった。スパルタクスの指揮する本隊はローマ軍に善戦し、北イタリアのポー川まで進んだが金の亡者のクラッススらの反撃で南下を余儀なくされ、ついに力尽き残る六万の奴隷仲間と共に壮絶な戦死をとげた。

このような奴隷の蜂起の教訓からローマの富裕者たちは、奴隷の取り扱いの緩和とそのコロヌス（人格的自由は認められたが、土地に縛られた小作人）化が避けられないことになった。すなわち、このことは、これまでのような奴隷制と中央集権的手法以外のいわゆるのちの荘園的手法を用いてでも自らの収入の確保、つまり、富の収奪をしなければならなくなったということである。

このように混迷を深める中でも共和政ローマは、イタリア半島の同盟諸都市国家にさらなる過重な税と兵役を強制しつづけた。このローマ化の強化により同盟諸都市国家は手をこまぬき死を待つことなどできず、ついに前九一―八八年反ローマの旗を掲げた。

同盟市戦争とも呼ばれるこの戦争はポー川以南の全イタリア人にローマ市民権を与える完全平等化によって収拾された。

前一世紀の混迷の大体一〇〇年は内乱の一世紀と称されている。その中で三頭《さんとう》政治が、すなわち、ギリシアの哲学者プラトン（前四二七―前三四七）のいう寡頭支配制が二度行われている。第一回のメンバーの一人のカエサル（前一〇二―前四四）の話は有名である。ガリアに遠征していたが、元老院派のポンペイウスとの内戦で「サイは投げられた」とルビコン川を渡ったという話。エジプト遠征でプトレマイオス朝の女王、クレオパトラ七世（位前五一―後三〇）を愛妾にした話。小アジア（いまのトルコ）のポントスの王を討ち、「来た、見た、勝った」と元老院に報告した話。また、元老院派に暗殺された時、敵方にいたわが子同然のブルータスに「ブルータスよ、お前もか」と叫んだことなど逸話は多い。こんな話を残した人物は、たぶん、カエサルを戦いの雄、雄弁、文人、情熱の人として半ば崇敬、半ば揶揄したもの書き的人間であろう。

ところで、ここでカエサルを取り上げたのは外でもない。それは、真偽の定かでない逸話や伝説的行為などで人物を評価し歴史をわかろうとする今日、二一世紀の人物至上主義や英雄主義の愚に猛省を促すためである。これらの主義は目下、流行のやってはならない勝とう目立とうの人気取り政治に直結するだけで何も実のないものだからである。

カエサルについては独裁者として民衆の意を迎える政治、すなわち、老兵や貧民への土地の分配。ガリアのラテン市にローマ市民権の付与、首都ローマの大土木事業、太陽暦（ユリウス暦）の制定などを行ったとされている。これらは、おそらく事実であろう。しかし、これらによって、何よりも大切なムラが修復再生され、社会的分業ができる状態に回復されてはいない。

社会的分業にどう向き合ったのかの視点を欠落させたまま、ただ、偉かったとか、すごかったとかの人物中心の視点から歴史を見てもいささかも歴史を見たことにはならないのではなかろうか。

共和政ローマはカエサル的人間によって領土、すなわち、属州をどんどん拡大した。これを支えたイタリア半島の同盟諸都市国家もまた、ローマ化しことごとくのムラの社会的分業は潰されてしまいムラびとの自給自足はままならなくなってしまった。共和政ローマの権力者たちは自らの欲望のためにすべてのムラの社会的分業を潰し多くのムラびとの生活といのちを奪い、自らは富の源泉の土地とムラびとを富裕者に奪われるという自業自得で身から出た錆《さび》の、富の絶対的減少、すなわち、財政の行き詰まりの打開という切実な課題について、何一つ解決できないままオクタビアヌスに丸投げしたのである。

オクタビアヌスは、カエサルの姪の子、前三〇年エジプトを平定し、内乱の一世紀を終らせた。紀元前二七年、元老院からアウグストゥス（尊厳者）の称号が贈られ事実上の皇帝となる。元首政（プリンキパトゥス）をはじめた彼からが帝政ローマ、すなわち、ローマ帝国が始まる。

ところで、丸投げされたオクタビアヌスに残されたその打開策は一つあるのみである。それは、権力者が富を得るということは、征服し属州としたムラの社会的分業をつぎつぎと私物化餌食化し潰していくことに外ならないわけで、潰す数を上回る属州の獲得とそのローマ化を実現していくことである。

⑶ 帝国属州のローマ化

第三幕は、ローマ帝国が新たな属州獲得のためにイタリア半島と地中海世界をとりまくヨーロッパからオリエントの西域に至る広大な属州のローマ化で、すなわち、属州のムラの社会的分業を潰すことによって自らを完全に葬り去る歩みである。

もう少し詳しくみれば、共和政が終えんを迎え帝政に移行した前二七年のオクタビアヌスによる元首政の開始から、王冠をかぶり東洋風の装束を着けたとされるディオクレティアヌス帝の専制君主政（開始、二八四年）を経て、ほぼ百年後のローマ帝国の東西分裂（三九五年）、さらに約八〇年後の西ローマ帝国滅亡までのおよそ五〇〇年に及ぶ属州獲得とそのローマ化、すなわち、手に入れた属州のムラびとの社会的分業をつぎつぎと私物化餌食化し潰し、やがて属州獲得もできなくなっていった歩みである。

ここで、その属州獲得とそのローマ化に力を尽くしたと思われる四人の皇帝を取り上げその足跡の概要を見ておくことにする。

その一人は右に述べた初代の皇帝、オクタビアヌス（位二七―後一四）である。ちなみに、ローマ皇帝は一般に四五人数えられている。彼は、ドナウ川まで国境を広げ属州を設置したが、紀元九年、ゲルマン人とのトイトブルクの森（西ドイツ、ウェストファリア地方の山地）の戦いでの三軍団の全滅で、ライン川国境をエルベ川まで広げる望みを断念した。東部、オリエントのパルティア王国と和解し、ガラテヤ（小アジア東部）、ユダヤ（パレスチナ）に属州を設置している。

その二人目は、四人目の皇帝、クラウディウス一世（位四一―五四）である。彼はカッパドキア（小アジアの北東部）、マウレタニア（北アフリカ西部）、リキア（小アジア南部）、トラキア（南ブルガリア）を属州にし、さらにブリタニア（イギリス、スコットランド）を属州とし、多くの都市を建設した。また、ローマ市民権の付与の政策をとり帝国全体のローマ化を進めた。

その三人目は、十二人目のトラヤヌス帝（位九八―一一七）である。この帝の時、帝国領は最大といわれている。ダキア（ルーマニア）、アラビア、アルメニア、メソポタミア、アッシリアを属州とし国境をティグリス川の東まで広げている。トラヤヌス帝を含む前後八四年間が、いわゆる五賢帝の時代と称され、属州のローマ化、都市化が進み、一時的ながら属州の農業と手工業はイタリアのそれをしのいだといわれている。属州の都市化は概して、その軍団駐屯地に商人が集まった結果、引き起こされたものである。

そして、その四人目は二二人目のカラカラ帝（位二一一―二一七）である。彼はローマ帝国の全自由人にローマ市民権を付与するという思い切った政策を行いイタリア人と属州人のすべての完全平等化を図った。これは皇帝による属州のローマ化の総仕上げを意味する。彼はまた、市民権所有者に利用させた広大なカラカラ浴場をつくったことでも有名である。

ところで、右で述べたトラヤヌス帝の最大の版図とは、ライン川以北とドナウ川以東を除く全ヨーロッパ、アフリカ北部、地中海、そして、ティグリス川東部までのオリエントのすべてを属州とする実に広大なものであった。

このような大ローマ帝国の実質的滅亡を象徴するのが、共和政の前三世紀の半ばのシチリア、サルデーニヤ、コルシカの属州化からカエサルのガリアやエジプト遠征による属州獲得の歩みを継ぐ帝政による領土拡大のうごきがトラヤヌス帝をもって終りを告げたことである。まぎれもなく、このことは新たな属州が手に入らなくなったことを示すものである。

したがって、これからの帝国の歴史は新たな属州のローマ化、つまり、新たなムラの社会的分業の私物化餌食化ができなくなり、富が得られなくなった上にこれまで略奪してきた広大な属州の維持管理だけでも膨大な富を費やさねばならず皇帝の財政が一段と傾き国力ががらがらと音を立てて崩れていく歩みであった。すなわち、皇帝自らが、自らの手で自らの首を絞めつづけ果てるという歴史ということができよう。

さて、その領土拡大のうごきが終りを告げた後のローマ社会の有様から見ていくことにする。

属州獲得の戦いで手柄を立て恩賞に与かろうとしていた臣下が不満を募らせていったこともあるが、戦争奴隷がほとんど手に入らなくなったことについても触れておかねばならない。

このことによって大きいダメージを受けたのは、農耕、牧畜、手工業、鉱山などを奴隷を使って経営する富裕者の大土地所有者たちであった。彼らは、この奴隷不足を補うため人さらいや借金返済のできない理由で奴隷にされた購買奴隷に手を出した。人さらいの対象は落ちぶれた自作農民や小作人などのムラびとである。借金が払えなくなるそのおもな理由は大土地所有者たちが生産した農産品や手工業品などを法外な値で買わされたためであった。

その当時の奴隷貿易の中心地は、デロス島（ギリシア南東部、エーゲ海のキクラデス諸島のミコノス島とその西のシロス島の間にある）で一日一万人以上のムラびとが奴隷として取引きされたといわれている。このことは、属州のムラびとの社会的分業が大土地所有者によっても蝕まれていく様子を如実に示すものであり、何よりも、皇帝が収奪すべき富を富裕者の大土地所有者たちによって横取りされ皇帝による富の独占がだんだんできなくなっていくことを物語るものである。

加えて、将軍たちは高給をとり征服地より直接富を収奪し、属州の総督たちは富をピンはねし不当に私腹を肥やした。商人は帝国政府に安く買ったものを高く売りつけ暴利をむさぼった。徴税請負人は不正な手段で蓄財をつづけた。これらの富すべてがムラびとの汗の結晶である。これで皇帝の財政がよくなるはずはなく、そのため皇帝は属州のムラびとへの苛斂誅求をつづけた。これにより、ローマ帝国の属州及びほとんどのムラの社会的分業がつづけられなくなった。

ローマ帝国内のほとんどのムラは死んだのである。二世紀後半、五賢帝最後の人、マルクス＝アウレリウス帝（一二一―一八〇）は捕虜としたゲルマン人を農業労働者として帝国内に定住させたがムラを生き返らせることなどできなかった。ほとんどのムラが死んで得る富なしではローマ帝国が生き残ることなどできない。いかなる巧妙で立派にみえる官僚組織をつくり抜け目のない監督や統制を加えたとしても、ムラが死んでは大帝国はもちろん、どんな社会集団であれ存続できなくなるのは自明の理。

そのため、何とかしようと、ディオクレティアヌス帝（位二八四—三〇五）は帝国を東西に分け、四分割しそれぞれに正帝、副帝を置き帝国の財政再建、すなわち、貨幣（富）の独占を始めた。しかし、成功することはなかった。

貨幣流通を禁止したかったが、これをすると自らの利便をそこなう、それゆえ、一応それを黙認しそのかわり農業課税を貨幣によらず現物納とし自作農民や小作人を農地から移動することを禁じる囲い込み策を立てた。このことは法として定められた。そのうちの一つが三三二年のコロヌス土地緊縛法である。また都市の有産者、地主を都市全体（商工業者）の納税責任者と定め、すべての職業身分を世襲とし自由にしごとを選ぶことを厳禁した。

ところで、コロヌスとはこのようなローマ帝政末期の人格的自由はあるが土地に縛りつけられた小作人のことである。以上のことは、わが国の江戸時代の本百姓維持のための士農工商の身分制に類似する財政強化、富の独占策であった。

しかし、この政策をきらった富裕層、大土地所有者は郊外に大所領をつくり、そこでコロヌスに土地を与えはたらかせ地代を納めさせるというやり方で外部に依存しない自給独立化による収入の確保の道に進むことになった。これがコロナトゥス（コロヌス制）と称されており、後刻、Ⅳの2の（2）の「古典荘園のむら」で触れる中世農奴の先駆的形態になるものといわれている。

初めてキリスト教を公認し、これに改宗したコンスタンチヌス帝（位三〇六―三三七）をはさみ三九五年の東西分裂までは前述した専制君主政（ドミナトゥス）とよばれる。この時期には全国を一一六属州に分け数属州を一管区とし、数管区を道とし全国の支配地を三道、または四道に分け、各道はおおむね一人の皇帝と財政担当の親衛隊長で統治、富の収奪をするという策をとった。

軍隊は国境防衛軍と皇帝を守る騎馬機動隊に分けて十全を期した。しかし、この国防第一、行政効率化を図ったはずのものが結局官僚肥大と軍隊の拡大となりその出費は衰えゆく国家財政に拍車をかけた。皇帝の富は減りつづけることになったのである。

皇帝の富の減少をくい止めるものはムラびとの税負担しかない。しかし、前述のごとく属州のローマ化でムラの社会的分業は行き詰まり、すでにむらは死んでいた。このようなありさまでローマの富を求めてのゲルマン民族の侵入を防ぐことなどできるはずはなかった。

大帝国ローマは冒頭で述べたごとく、ローマの権力者がローマのムラの社会的分業を潰し、次にイタリア半島のムラの社会的分業を潰し、そして、バトンタッチされた皇帝が属州のムラの社会的分業を潰し四七六年に西ローマ帝国は滅亡するが、これをもって歴史から消え去ったのである。東ローマ（ビザンティウム）帝国は周りに翻弄されながらも一四五三年オスマン帝国に滅亡させられるまで生きのびた。

テベレ川下流のあの小さな都市国家ローマムラの一体だれがこんなことを言っただろうか。〝小さいムラはいいや、大きいクニがいい、大帝国をつくってくれ〟と。

3　アケメネス朝ペルシア（ペルシア帝国）

(1)　古代オリエント

ここで述べることは、アケメネス朝ペルシアが、前五五〇年の帝国創立後、なぜ、あっと言う間に古代オリエントの全域を統一し、人類史上、最初といえる大帝国、ペルシア帝国をつくることができたのか。また、そんな大帝国がなぜに、二〇〇年余りというけっして長いとは言えないいのちで滅び去ることになったのか、この謎ともいえることについてである。

古代オリエントというところは、ローマからみて東方を指すところだが、高地と高原のイランとすでに述べた「豊かな三日月地帯」とこれにつづくピラミッドとスフィンクスで知られるエジプト、そして、小アジア（現トルコ）の四地域に分けられる。

古代オリエントは、だれも知る人類最古の四つの文明の発祥地のうち二つを占めるところである。一つはイラクのティグリス、ユーフラテス両川流域のメソポタミア文明、もう一つは、エジプトのナイル川流域のエジプト文明である。

アケメネス朝ペルシアによって、前六世紀の半ば全オリエントが統一されるまでの約二五〇〇年は古代オリエントの王朝の興亡の歴史である。それはメソポタミアの最南の地にシュメール人の都市国家がつくられたことに始まる。その興亡のおもな舞台は、エジプトを除く豊かな三日月地帯であった。エジプトについては後述するが、この地はオリエントの中でも特異な歩みをしたところである。文明が発生したところなので、当然、早くから、ナイル川の沃地にムラがたくさんつくられ社会的分業による農耕が営まれた。やがて権力者が出現し、それらのムラは私物化されノモスという小部族国家が多数つくられた。そして、これらをさらに併合するかたちで、前二八五〇年ごろ統一国家がつくられている。アケメネス朝ペルシアに征服されるまで二六の王朝が交代している。

古代オリエントの王朝の興亡の歴史も、世界のいずこの歴史とも共通するものでひとことで言えば、権力者の欲望を満たすためのムラの社会的分業の奪い合い、すなわち、できる限り多くのムラとムラびとの私物化、餌食化の歩みということになる。ムラびとの側からみれば、ムラびとの生きる唯一のよりどころのムラの社会的分業が潰され、失業し、貧窮化と流民化を強いられた悲しみと絶望の歴史である。

さて、このアケメネス朝ペルシアであるがこの国家はイランのファールス（ギリシア名はペルシス）地方から起ったインド＝ヨーロッパ系のアーリア系民族の国で始祖はアケメネスである。

元来、同族のメディア人などとウルミーエ湖の周辺に住んでいたが、アケメネスは自らの部族を率いてザーグロス山脈を南下し、紀元前七〇〇年ころファールス地方に定住したといわれている。

後に見るように前六世紀半ばキュロス二世（位前五五九—前五三〇）がメディア王国を滅ぼしてアケメネス朝ペルシア（ペルシア帝国）を創立した。ダリウス一世（位前五二一—前四八六）の時に空前の大帝国を建設した。前五世紀前半、ギリシア征服を試みるが失敗、前三三〇年、ダリウス三世（位前三三五—前三三〇）の時、アレクサンダーに滅ぼされた。

それでは、次に、まずシュメール人の都市国家から始まるオリエントが、アケメネス朝ペルシアによって全統一されるまでの王国興亡の概略を述べ、その後に、冒頭で掲げたアケメネス朝ペルシアの極めて短時間での天下取りと意外と短命に終るその謎の正体を明らかにしたい。

(2) シュメール人の都市国家

シュメール人がティグリス、ユーフラテス両川のメソポタミア（イラク）の最南部、ペルシア湾に臨む平原、デルタのシュメールの地に、いつごろ、どこから来たのかはよくわかっていないようである。しかし、彼らは、人類史上、どこよりも早い時期、そこに定住し、自然的農耕集落のムラをつくり、農耕、牧畜の社会的分業をはじめた人間とされている。

これには、異論もあるようで、それは古代オリエントの別の場所、たとえば前述のエリコやチャタル・ヒュユクなどでも、シュメール人より早くムラがつくられていたと考えている人もいる。

いずれにせよ、シュメールのムラでムラびとが自分たちによる社会的分業で、自給自足し、いくばくかでも余剰の富がつくり出せるようになると、ムラの長、リーダーの中にムラびとがつくり出した富の独占を企てる邪悪で欲深いものが現われた。このことは、地球上のいずこでも共通してみられる権力の誕生の謎を明らかにするものであるが、それらのリーダーは富と権力の亡者となり周りのムラのできる限り多くを侵略、征服することを始めた。その目的は、四隣の多くのムラとムラびとを私物化餌食化し多くの富を略奪することにある。周囲のムラの侵略、征服は、自らのムラのムラびとに武器を持たせ、兵士として戦わせるものであった。このことは世界史における戦争の嚆矢《こうし》かも知れないし、また、戦争とは何かを示すものであろう。

こうして紀元前三五〇〇年ころ周りの多くのムラを力で寄せ集めたのがシュメール人の城壁に囲まれた都市国家であり、その中には、ウル、ウルク、エリドゥ、ラガシュなどがある。ウルの王墓からは多数の殉死者も見つかっている。さらに、これらを併合したのが後述するシュメールの王朝国家である。

元来、権力者は自らは何一つつくり出せない。シュメールの権力者も例外でなく、王は自らのどこまでもの欲望をかなえるためシュメールのムラびとの社会的分業を私物化しムラびとを農業専業のムラびと、手工業技術者、漁師、そして、商人などの身分に定めはたらかせ自らのすべてを支えさせた。ムラびとには、オオムギ、エンマムギ、コムギ、野菜、タマネギ、豆類、キュウリなどを栽培させ、ビールもつくらせ貢納させている。馬はおらず、家畜としてはウシ、ロバ、ヒツジ、ヤギ、ブタなどを飼育させ、これらからつくり出す製品をも貢がせた。

王位についたリーダーは自らの威厳と特別の家柄であることを示すと同時に自らと一族の安泰のための守護神をつくりそれを祭る大きな神殿や王宮を技術者のムラびとにつくらせた。そして、すべてのムラびとにその崇敬を強制し拝ませた。ウル王朝のジッグラト（前二〇五〇年ごろ築かれたバベルの塔の原形とされる）はそのひとつの例であろう。

(3) 古代オリエントの農耕と牧畜

古代オリエントのムラびとの農耕と牧畜による社会的分業が、主にこの地の権力者、王朝を支えつづけた。ここでは、その農耕と牧畜のすがたを少し眺めておくことにする。

イラクからシリア、レバノン、イスラエルにつづく豊かな三日月地帯とエジプトの地は古くから農耕が行われ古代文明を生み出したところであることはすでに述べたところである。

ここに成立した冬の降雨で育てるムギ作りを中心とした休閑農業の二圃《にほ》式農法によるものが、これも既述した地中海農耕と称されているものである。オオムギ、コムギ、ライムギ、エンバク、冬作のエンドウ、ソラマメ、根菜類のビート、タマネギ、カブ、ダイコンなどが主な作物である。オオムギの栽培種化はイラクの山岳地帯からといわれている。

ここでは二，三万年前の旧石器時代のおわりごろ、野生のオオムギ、コムギの栽培種への改良がなされ、約一万年前ころからそれらの耕作がはじめられたとされている。前七五〇〇―六五〇〇年ころにはそのオオムギ、コムギの耕作、収穫、貯蔵、加工（臼と杵の使用、パン焼き炉）などが行われこの農耕が本格化したといわれている。

オオムギ、コムギは主食で、臼と杵で精穀し、次に石皿にローラー状の石を手で往復させ粉に挽き、そして、窯《かま》で焼いてパンをつくったのである。もちろん、イーストが入っていないパンである。ムギ粉に蜂蜜、牛酪油（水牛の乳のバター油）、ゴマ油、ミルクを加え練って菓子やケーキをつくったようである。

ライムギも製粉して黒パンに、エンバクはおもにオートミル（おかゆ）にされた。ちなみに、今日のような発酵したパン種を入れて焼くパンがつくられたのはエジプトの地でコムギが伝わった紀元前四〇〇〇年ころからといわれている。ずっと中世まではオオムギの栽培が多く、広くコムギが主食となったのは近世からだといわれている。

ムギ類の栽培開始と同時にウシ、ヤギ、ヒツジの家畜化を成功させたオリエントの農耕文明は西のエーゲ海、北アフリカ（エジプト）、イタリアさらに西ヨーロッパに伝えられた。家畜の飼育はユーラシア大陸の乾燥草原での家畜専業の遊牧民を生み出し、ムギ類はチベットルート、シベリアルートで東アジアの中国にも伝わった。

ちなみに、わが国にはコムギは稲作と大体同時期に、すなわち、前三世紀ころに伝わり奈良時代に調味料としての醤《ひしお》や菓子の原料に用いられている。平安時代には救荒作物として、鎌倉時代には水田の裏作として、室町時代は作付けが急増、江戸時代には米を租《ねんぐ》として納め、コムギ、オオムギは農民の主食として栽培されている。

メソポタミアのコムギ、オオムギを主とする農耕が高い生産性をあげることができたのは、ティグリス、ユーフラテス両川の治水と灌漑の発達によるものといわれている。

これはシュメール農法と呼ばれているもので、春から秋まで休閑し十月にコムギを播き、翌三月までに降る雨で成長し六月に収穫するものである。このやり方が前述の二圃式農法であり、この種まきは条播器《じょうは》（すきの使用）を使っている。このことにより、その収穫高は中世ヨーロッパの一五倍という驚くべきものであったと伝えられている。

この農法は周囲に伝わった。前述のごとくギリシアやローマの農村にも伝わり、これらの地域ではずっとこの二圃式農法をつづけている。一方北ヨーロッパの夏雨型の湿潤地では二圃式農法を三圃式農法へと変えた。

イランの地は、カスピ海の南岸を東西に走るアルボルズ山脈と北西からイラク国境をかすめ、ペルシア湾へと南東に伸びるザーグロス山脈にはさまれた東部には広大なキャヴィルとルートの二つの砂漠がありここでは人も住めず、ほとんど農耕は成り立たない。ザーグロス山脈の東部からアフガニスタンにかけての南東部に海抜七〇〇メートルのイラン高原が広がっている。ここでは降水量は少なく、夏高温のため天水による農耕はむつかしい。

カスピ海南岸地方や山麓のオアシスのムラや夏高温だがペルシア湾北岸の東西地方はわずかに農耕が成立する。

小アジア（トルコ）地方は、内陸部は標高六〇〇メートルの高原が広がる。内陸部は雨量が少ないが、それでも天水による農耕はでき、コムギ、オオムギの栽培は可能である。標高五〇〇メートルの東部山岳地方では牧畜がおもであり、沿岸地方は概して雨は多くさまざまな種類の農耕が行われていた。

何と言っても、豊かな三日月地帯、なかんずくバビロニア、アッシリアは社会的分業の盛んなムラが多く人口も多い、穀倉地帯の中の穀倉地で、それを求める交易の中心地、いわゆる人物金の集中するところであった。したがって、この地は、権力をこころざす者ならだれもが狙うところであり、ここを制する者が古代オリエントを制したのである。

(4)　アケメネス朝ペルシアの全統一

権力は内から僭主によって乗っ取られるか、さもなければ、外からの敵に奪われるか、このいずれかの運命にある。なぜか、それは権力を手にすれば、どこまでもの欲望を満たすことができるからである。このことを世界に先駆けして証明してきたのが古代オリエントであったといえよう。

ところで東アジア、地中海、西洋、中央アジア、アフリカと四方に開放された古代オリエントの地は、豊かな三日月地帯の富をめざす諸民族の侵入、混血がおこなわれ多くの人種が生まれたところである。そのため「人種のるつぼ」とも言われてきた。しかし、その民族は大きくまとめるとセム系、インド

＝ヨーロッパ系、ハム系の三族となる。

古代オリエントの歴史は、紀元前四〇〇〇年ころ、ティグリス、ユーフラテス両川の下流域の低地、メソポタミアの最南部、ペルシア湾に接するところ、シュメールの地に農耕と牧畜の社会的分業によるムラが、たくさん生まれたことから始まる。このことはすでに述べたことであるが、これらのムラに富の独占をめざす権力者の卵が出現し、やがて、それらのムラムラを併合し、前述したウル、ウルクのようなシュメール人の都市国家（小さなクニ）がつぎつぎとつくられた。

これらは、メソポタミア南部の狭い地域のいくつかのシュメール人のムラの社会的分業の私物化餌食化によるものであり、どれも小さな力の弱いものばかりであった。それらの中から周囲のクニを併合し、シュメールの地を制したのが、前二五〇〇年ごろのウル第一王朝である。やがて、この王朝は、セム系のアッカド王朝によって支配されることになる。

アッカド王朝（前二三五〇―前二一八〇）は、メソポタミア（現イラク）の最初の統一王朝であった。アッカドとはシュメールの北隣りの地名である。サルゴン一世が出て、ムラびとによる常備軍をつくり、それを以てメソポタミア諸都市国家を征服、統合し、シリアまでその支配を拡大した。アッカド王朝は、シュメール人と平和的共存関係を築き、アッカド王朝後はメソポタミア地域の人種的、文化的混合が進んだといわれている。ただ、アッカド王朝の遺跡は未確認のようである。

その後、アッカド王朝はザーグロス山地の蛮族の来襲で滅亡しシュメール人のウル第三王朝（前二一一三―前二〇〇六）が興った。この王朝は長く覇を競い合っていたシュメールの地のいくつかの王朝を倒し、シュメールに東部で接するエラム（首都スーサ）人の勢力をメソポタミアから一掃しバビロニア（シュメールとアッカド地方）を統一した。シュメール法典をつくり、属州制と官僚制でムラムラの社会的分業を私物化餌食化し、王朝の維持を図った。しかし、やがてエラム人、アムル人に侵入されあっけなく滅ぼされている。

次は、シリアより侵入したセム系のアムル人のバビロン第一王朝（前一八九四―前一五九五）が優勢となり首都をバビロンに置く。王のハムラビ（前一七〇〇年ごろ）はメソポタミア（イラク）の全域を支配した。

彼は「目には目を、歯には歯を」の刑法の復讐法で有名なハムラビ法典をつくった。この法典は、全文二八二条でシュメール人の発明した楔形《くさびがた》文字で書かれ、王の権力の正統性を示し、すべての民を服させたものである。前述のシュメール法典やこれまでのムラ支配の慣習などを集成したものと言われているが、要は、ムラびとの土地を取り上げ、王の名においてそれを与え、その代わりに賦役、兵役、労役などの義務を果たすことを強制したもので、どの権力者もやる手であり特別のものとは言えない。ムラびとの社会的分業を私物化しムラびとを餌食化し王の富の独占とその維持強化を図るためのものであった。したがって、実際に、この復讐法（刑法）が実行されることはなかったとも言われている。

このバビロン第一王朝は、前一五九五年、小アジアに興ったインド＝ヨーロッパ系のヒッタイトに征服された。このヒッタイトは、古代オリエントではじめて鉄器を使用、鉄製武器を用いて戦った。

ヒッタイトが西方に帰った後、メソポタミアの地は、インド＝ヨーロッパ系のザーグロス山脈地方を原住地とするカッシートの侵入を受けることになる。カッシートはバビロンを首都に定め、前一五五〇年カッシート朝、すなわち、バビロン第三王朝を建て、その後、エラム人によって滅ぼされる前一一五五年まで、約四〇〇年ほどバビロニアを支配した。

この王の富の独占の手法は、臣下に封土《ほうど》を与える代わりに軍役と富の貢納を誓わせるものであった。封土とは、王が力で私物化したムラとムラびとの社会的分業のことであり、軍役といっても、臣下のムラびとを戦争に駆り出すことである。富の貢納とは、ムラびとがつくった農作物などの富をムラびと自身に都まで運ばせるものであった。すべてムラびと犠牲の封土制ということになる

ところで、北メソポタミア（アッシリア地方）と北シリアの地は、短い期間であったがインド＝ヨーロッパ系のミタンニ王国（前一五五〇年ころ—前一四〇〇年ころ）の支配を受けた。この王国は、密接な関係を結んでいた前出、ヒッタイトの従属国となり衰退していった。

その後、セム系のアッシリア人の帝国、アッシリア（前一一〇〇—前六一二）が、ティグリス川中流域のアッシュール市から勃興し、オリエントの形勢は一変した。アッシリアとは、ティグリス、ユーフラテス両川の中流域の洪積層（氷河期）台地をいう。アッシリアの地は、もとバビロニアの植民地であった。前述のヒッタイトから鉄が伝わり、鉄と血、すなわち、兵器と兵士で富の独占を遂行する鉄血主義を採った。

古代では常の諸民族の反乱の根を断つため、ムラびとを全員そっくりまったく別の地に集団で移住

させるという政策を進めた。これは、ひとくちで言って、根底から伝統あるムラの社会的分業を破壊するというきわめて愚かで無謀なものであった。

鉄と血で四隣を破壊征服し、前八世紀、エジプトを支配し、前七五〇年ころイランの地を除く古代オリエントを大統一した。ニネベを都とし、全支配地を若干の州に分け、各州にムラの社会的分業の私物化の徹底とムラびとからの徴税のための総督を置いた。強力を誇ったこの大国家も、前七世紀の末に服属民族の反乱で、いとも簡単に崩壊した。

これから、しばらく、古代オリエントでは、四王国の分立がつづいた。すなわち、イランの地にメディア、メソポタミアの地は新バビロニア（カルデア）、小アジアではリディア、そして、エジプトである。メディアは、イラン高原のインド＝ヨーロッパ系の遊牧民メディア人が前七世紀前半に建てた王国である。新バビロニアと結んで、アッシリアを滅ぼし広い領土を得た。前五五〇年ころ姻戚であるアケメネス朝ペルシアのキュロス二世に滅ぼされた。

新バビロニア（前六二五―前五三八）は、アッシリアを滅亡させたセム系のカルデア人が古代オリエント最大の経済、文化の先進地といえるメソポタミアに建てた国である。首都はバビロンに定め南メソポタミアからシリア、パレスチナに及ぶ豊かな三日月地帯をそっくり領土とした。前述のハムラビに倣い、また、アッシリアの集団強制移住政策を引きついだ。

ユダヤ人の「捕囚」―王ネブカドネザル二世が前五八六年ユダ王国を滅ぼした際、多くのユダヤ人をバビロンに強制移住（前五八六―前五三八）させた事件―は有名である。この王国も、ユダヤ人をはじめとする諸民族を解放したアケメネス朝ペルシアの前出、キュロス二世に滅ぼされた。

リディア(前六八〇―前五四六)は、小アジア(トルコ)西部のサルデスに都をおく王国である。鋳造貨幣の発祥の地として名を残している。アッシリア滅亡後は、メディア、新バビロニア、エジプトと西アジアの覇権を争ったが同じくアケメネス朝ペルシアのキュロス二世により滅亡させられた。

エジプトも前五二五年、キュロス二世の子カンビセス二世(前五二九―前五二二)によって滅ぼされた。分立していた四王国はアケメネス朝ペルシアによって、その建国から二五年という実に短い月日で征服されたことになる。

アケメネス朝ペルシアの中央集権を確立したのは、征服したエジプトからの帰路、北パレスチナで客死したキュロス二世の後を継いだダリウス一世である。

以上がシュメール人都市国家の出現と、そして、シュメール人のウル第一王朝成立からアケメネス朝ペルシアによる古代オリエント全統一に至るまでのおもな王国(王朝)興亡の概略である。

その後、アケメネス朝ペルシアは、アレクサンダーのマケドニア軍との戦いで完敗し前三三〇年ダリウス三世(位前三三六―前三三〇)はサトラップに殺され滅亡した。

(5) その全統一と滅亡の謎

謎その一　二五年で全統一

これまでの話では、アケメネス朝ペルシアが、なぜに、わずか建国二五年という速さで前述の四王国を滅ぼし、人類史上、最初の大帝国をつくり得たのか、また、古代オリエントで興亡した多くの王朝、王国にくらべて、なぜに短いいのちで滅び去ることになったのか、この二つのなぜ、謎といってもよいが、冒頭で掲げたテーマについては、まだ、何も明らかにできていない。

この二つのなぜの真相については、これから述べたいと思うが、その前にひとつ掴んでおきたいことがある。それは、そもそも権力とは何かということである。

権力とは、どこまでもの欲望のかたまりといえよう。欲をかなえるため富の亡者となりつづける心、限界を知らぬ精神ともいえる。富を取り上げるために、ムラびとの生きるよりどころの社会的分業を私物化し、ムラびとを餌食化するもの。まず、本当は一番大切にしなければならない手近かの膝元のムラの社会的分業を潰し、このことを全支配地に及ぼすというあまりにもひとりよがりな力である。その性、けっして善などではなく、まさに極悪と言わざるを得ないものといえよう。

古代オリエントの前六世紀までの約二五〇〇年は、踏まれても、押しつぶされようとも雑草のごとく立ち上がり我慢づよく生きるムラびとによる、本来再生力のあるムラの社会的分業をこんな権力が蝕みつづけ、本当に立ち行かれなくした歴史であった。

ムラの社会的分業なくして権力なしである。アケメネス朝ペルシアが倒した前述の四王国はすでに富の生産力を著しく無くしていたムラの社会的分業を権力者自らの手でさらに餌食化しまさに崩壊の渕に立たせていたわけで、当然、富の収奪はままならず弱い軍事力に甘んじていたのである。

したがって、たしかに、アケメネス朝ペルシアは、遊牧騎馬民であり、騎馬と弓兵の突撃隊をつくり、イランの部族を従え軍事力を増強したとは言え抜群の軍事力を持っていたわけではない。どちらかといえばその勝因は四王国の弱さにあったといえよう。アケメネス朝ペルシアも弱かったが、それ以上に四王国は弱体化していたというのが真実であろう。

四王国の一つのメディアは、イラン高原と砂漠が広がる国、ザーグロス山脈北西のティグリス川の上流域から黒海の南岸あたりまで領土を広げたが、基本的に農耕より遊牧に頼らざるを得ない国柄である。天水に恵まれず、ムラの社会的分業は、オアシスか山麓に限られていたので権力による富の収奪は限界があり、ここでの王朝は強くはなれなかった。

リディアは、土着の民の王国である。海岸線の長い高原の国であるが、高原でも、沿岸でも古くからムラがつくられ、社会的分業による富の生産も比較的盛んであった。そのためヒッタイトやアッシリアの支配を受け、富を奪われムラの社会的分業はダメージを受けつづけた。そんな脆弱な社会的分業の上に支配者となったのがリディアである。それでも権力者は、ムラびとを餌食化しメディア、新バビロニア、エジプトと覇を競い欲望を膨らませつづけたのである。

この地は、アジアとヨーロッパの交易の要路にあたり、貨幣の鋳造が行われた。貨幣とは、元来、富の収奪力という点では、権力に優るもので、権力からもムラびとからも富を吸い取るものである。富を収奪された権力者は、その不足を補うためムラの社会的分業に対する税の徴収をいっそうきびしくした。このことは、ムラの社会的分業を衰えさせ権力を弱体化させていったのである。まさにリディアは、このような状況下にあった。

新バビロニアは、カルデア人がアッシリアを倒し、豊かな三日月地帯をそっくり領土とした王国で、アッカド、バビロン第一王朝で首都であったバビロンを都とした。前出、ハムラビに倣い文化の向上と国力の充実に努めバビロンを当時、最も繁栄した都市にしたと言われているが、しかし、それは、ユダヤ人の捕囚の例のように、アッシリアの集団強制移住政策などを見習う乱暴極まりないムラびとの社会的分業からの富の収奪の結果である。それでなくとも、これまでの王朝の過酷な支配で大きくダメージを受けつづけてきた豊かな三日月地帯の多くのムラの社会的分業は新バビロニアによるさらなる税と兵役と労役で疲弊し、まさに存亡の淵に立たされていたのである。王朝の戦う力は日毎に無くしていたわけである。

エジプトは、馬と戦車を持ったシリアの遊牧民、ヒクソスに前一六七〇年ころ侵入され、百数十年その支配を受けた後、新王朝が興る。この蹂躙の教訓から、新王朝は、これまでの一国平和主義を改め軍事国家へと変った。ムラびととムラの社会的分業の私物化餌食化を強めムラからの富とムラびと兵士でパレスチナ、シリアへも進攻しヒッタイト、ミタンニとも戦った。

これまでの状況とは異なり、このことによりエジプトのムラの社会的分業に与えたダメージは想像以上に大きく、これがもとで権力は富をなくし、その力を弱めてしまった。エジプトの弱体化である。

その後、リビア人（エジプト西部）の支配を数百年受け、つづいてアッシリアに征服され、豊かさを誇っていたエジプトのムラの社会的分業も疲弊の極に達し、アケメネス朝ペルシアに攻め込まれたころの王国の防衛力はゼロに近いものであった。

以上のことから、四王国の敗因は、アケメネス朝ペルシアが圧到的に強い兵力を持っていたからではなく、当時の古代オリエント全体のムラの社会的分業がことごとく崩壊に瀕していたわけで、そこに建つ王権のすべてが弱体化し、やっと権力を維持する体で、まさに吹けば飛ぶような状態であった。古代オリエント全域はアケメネス朝ペルシアのひと吹きで討滅されたといえよう。これが、前五二五年のダリウス一世による全統一のなぜ、第一の謎の正体、つまり、解ということになる。

謎その二　二〇〇年足らずのいのち

さて、ひと吹きで奪い取った領土は、また、ひと吹きで奪い取られて当然である。アケメネス朝ペルシアは、紀元前三三〇年マケドニアのアレクサンダーのひと吹きで難なく滅亡させられ古代オリエントから消えてしまった。これが第二の滅亡のなぜ、謎の真相でありその解ということになるが、もうすこしこのことを探ってみることにする。

結論を言えば、それは、シュメール人の都市国家以来の歴代の権力の独り善がりで崩壊に直面していた古代オリエント全土のムラの社会的分業を、つまり、自らも拠って立つべきその社会的分業を徹底的に私物化餌食化し、ほとんど壊滅状態にさせてしまったからである。繰り返すが、ムラの社会的分業なくして富はなしということになる。

ところで、アケメネス朝ペルシアのムラびと支配は、征服したムラびとには、兵役と納税さえすれば、従来の制度や慣習、宗教に対して統制などせず寛大であったといわれている。これはムラびとにとっての最高の善政、すなわち、本来のムラの社会的分業の修復、再生を図るための政策というようなこととは無関係で、オリエント歴代の王朝のムラの社会的分業の私物化餌食化で全土のムラとムラびとの心の衰亡がすでにその極に達しておりどうすることもできず、窮余の一策として、寛大にならざるを得なかったためと考えるのが至当のようである。

ダリウス一世のとき、エジプトを含む帝国内の多くの地でムラびとの反乱が頻発した。これは、つまるところ、生活が苦しいからである。この鎮圧に多くのムラびとが兵士として駆り出された。まさに、ムラびと同士の戦い、殺し合いであり、これによってムラの社会的分業は一段と行き詰ることになった。

彼は、古代オリエントの広大な領土を二〇の行政区に分け、そこにサトラップ（総督）を置き、ムラびとからの納税と兵役の義務をとりしきらせた。この属州統治の状態を「王の目」、「王の耳」という直属の監察官を派遣し巡察させた。また、自らのために、貨幣を鋳造し貨幣経済を導入した。これは、商人の活発な活動を許すものであった。商人は、本来、農耕中心の自然経済下ではムラびとの社会的分業の円滑な営みを邪魔するものである。それは、ムラびとの富はもちろん、何よりも権力者の富をどんどん吸い取り、その不足をムラびとに求めムラびとを限りなく疲弊させるからである。

さらに、全土のムラの社会的分業の衰退に追い討ちをかけたのが、彼による王の道の建設であった。これは自らの支配を徹底し全土からの富の収奪を容易にするためのものであり、中央官庁のあるスーサと小アジアのサルデス間、二四〇〇キロに及ぶものであった。二〇―三〇キロ間隔に一一一の宿駅が設営された。この維持管理のしごとは、すべてムラびとの手間と経費負担で行われた。これでもムラの社会的分業は甚大な被害をこうむった。彼の欲望は限りなく、エジプトではナイル川と紅海を結ぶ運河もムラびとに掘らせている。

また、ダリウス一世は、アケメネス朝ペルシア発祥の地、ペルセポリスを帝都に定め、前五二〇年にその建設をはじめた。一代では完成せず、歴代の諸王が増築をつづけたが、アレクサンダーによって破壊された。この土木工事に動員されたムラびとの数もたいへんなものだといわれている。やることなすこと酷いことばかりであった。

これだから、全土でムラびとの反乱の絶えることはなかったのである。時に、前五〇〇年には、イオニア（小アジアの西端）のギリシア人植民諸市で反乱が起きた。これはアケメネス朝ペルシアが圧迫したためであった。この乱を支援したのはギリシアのアテネであり、また、かねて、征服を欲していたダリウス一世はこれを好機とギリシア遠征を開始した。

これがペルシア戦争（前五〇〇—前四四九）である。ダリウス一世の子、クセルクセス一世は、陸海軍約二〇〇万人にも及ぶ大軍を率いダーダネルズ海峡を渡った。前四九〇年のマラトンの戦いにつづき前四八〇年のサラミスの海戦、そして、前四七九年プラタイアイの戦いと大敗を喫しつづけた。徴兵されたムラびとの犠牲、これによる社会的分業の破壊は甚大であった。アケメネス朝ペルシアは国力を完全に消耗する中、前四四九年のカリアス（アテネの金持全権大使）の和約でペルシア戦争は終わる。

貧すれば鈍するということばは、まさに権力にこそふさわしい。どこまでもの欲望の肥大からやらなくてもいいことをつぎつぎとやり、ムラびとのいのちを奪い、ムラの社会的分業を潰しつづけたのである。こうして、富、経済力を無くしたアケメネス朝ペルシアは鈍の一途をたどった。すなわち、権力内部の腐敗から衰退することになる。

王位継承で暗殺、殺害と纂奪がつづき、西部諸州ではサトラップの反乱が起こった。宦官（かんがん）バゴアスによる王の暗殺、毒殺が行われた。結局、ダリウス三世は、バゴアスを除いたが、サトラップのベッソスに前三三〇年殺され、マケドニアのアレクサンダーに征服されて、アケメネス朝ペルシアという大帝国は滅亡したのである。

戦力は民力である。民力とはムラびとの社会的分業の富を生み出す力である。いかなる理由があれ、ムラの社会的分業を潰し、あたらムラびとのいのちを無残に奪って維持できた権力のためしは地球のどこにもない。

アケメネス朝ペルシアによる全土のムラの社会的分業の私物化、餌食化はまさに草一本も残さぬ徹底的なもので再び古代オリエントの地に中央集権国家の成立を許さなかったことは特筆に値すべきことであろう。

4　秦、漢帝国

(1)　権力者と社会的分業のムラ

ここで述べるのは中国の秦、漢帝国がどのようにしてつくられ、そして、なぜ滅ぶことになったのかについてである。

秦《しん》（前二二一—前二〇六）は始皇帝が出て中国をはじめて統一し、ほぼ現在の中国の領土をつくり上げた帝国である。漢（前漢、前二〇二—八と後漢、後二五—二二〇）はこの秦を引き継いだ王朝である。

秦、漢までの歴史は、従来の時代区分に従えば先史から大体、古代のおわりころまでの歩みである。中国の歴史は堯《ぎょう》、舜《しゅん》、禹《う》の三王に始まる。もちろん、諸説あり。禹の代から王位世襲されている。禹より桀《けつ》に至る一七代の王朝が夏《か》で、それを前一七〇〇年ごろついだのが殷《いん》である。降って前一一〇〇年ころ殷に代わり周が興り、春秋時代（前七七〇—前四〇三）、戦国時代（前四〇三—前二二一）を経て、前二二一年、秦の始皇帝が中国を統一した。殷から文字が残り、夏以降が歴史性があり、それ以前は伝説とされている。

中国の先史については、長い間空白というか、ほとんど何もわからないという状態がつづいていた。この空白を埋める作業が始められたのは二〇世紀の一〇年代から日中戦争がはじまる一九三七年ころである。アンダーソン（スエーデンの地質学者、考古学者）をはじめブラック（カナダの解剖学者）や頭骨を発見した裴文中（中国の人類学者）、それにワイデンライヒ（ドイツの人類学者、解剖学者）らによってである。

彼らによって、北京原人の存在したことが確認された。アンダーソンは、北京地質調査所に派遣されていた一九一四―二五年の間に遼寧省、河南省、甘粛省の遺跡調査を行い北京原人の歯骨を発見した。さらに、いわゆる仰韶文化の中心資料となる彩陶（彩色土器）も発見し、中国の新石器時代のすがたを知る手がかりを与えるという大きな貢献をした。

第二次世界大戦（一九三九―四五）中は、この作業も中断された。再開されたのは一九五〇年に入ってからである。これにより、中国全土で先史時代の遺跡も発見され、また、伝説上の三皇五帝から、夏、殷、周、秦、漢王朝に至るそれぞれの存在を示す遺跡発掘調査も進められ長い歴史の空白が埋められている。これまでよくわからなかったムラでの社会的分業のようすや、権力者による社会的分業の私物化餌食化のありさまなどがかなり明確につかめるようになっている。

先史時代から秦、漢に至る中国統一の歴史は数千年つづけられたムラの社会的分業の機能が権力者によってほとんど壊されてしまうプロセスである。しかし、これまでの歴史の教科書ではこのプロセスは、古代史として取扱われている。人類が誕生しムラをつくり農耕や牧畜を営み、いつしか小さなクニとなりさらに都市国家となりついには一大国家、帝国に統一された歩みとして、これは人類の英知の結晶、人々の努力のたまもの、文明発展の歩みとして教えられている。

ここから、このプロセスについて語ることになるが、論述の都合上、次の三段階に分けてみた。その第一はムラびとが自給自足をし、いくばくかの余剰の富をつくり出しだれもが安心して暮らせた時代。第二はそのムラが小権力者によって壊されていく時代。最後は、大権力者の出現によってそのムラびとの生活の破壊が決定的となる時代である。

このことはきわめて大切なことなので、さらに言い換えておくことにする。すなわち、その第一とは農耕中心の社会的分業が順調に進展し原則としてムラびとの失業、貧困のない時代。第二は小権力者がより多くの富を求めてムラムラを併合しクニにし、自らのクニをより大きいものにしようとクニ同士が争った時代、当然社会的分業ができなくなり失業、貧困が頻発する時代。そして、第三はムラびとのさらなる犠牲の上に秦、漢という大帝国がつくられた時代で大権力者によってすべてのムラの社会的分業が完全に私物化餌食化されほとんど潰されこれにより帝国自らも滅んでしまう時代ということになる。すなわち、このプロセスは、権力によって必然的、継続的に失業、貧困が生み出されていった時代である。人の世では失業、貧困は付き物、起こって当然とするそんな間違った考え方が正しいことにされはじめるのはこの時代からということになる。

(2) 社会的分業のムラのすがた

さて、それではその第一から見てみよう。

すでに述べたように中国では日中戦争と太平洋戦争の後、各地で旧石器時代の人骨が発掘された。その中に、北京周口店出土の北京原人（およそ二三一―四六万年前）よりさらに古いとみられる元謀《げんぼう》人、藍田《らんでん》人がいる。雲南省元謀県で発見された元謀人は猿人である。陝西省藍田県で発見された藍田人は六〇―七〇万年前に生きていた猿人と原人のさかいの人類でドイツのハイデルベルク人と同時代人であり、一応原人とされている。いずれも、石器を製作、使用、狩猟を行っていた。元謀猿人も藍田人も北京原人も、そして二〇万年前のネアンデルタール人などの旧人と呼ばれる人類もいずれもむれ社会（ホルド）をつくり生きていた。

むれ社会は大体二五〇万年前から四万年ぐらい前までつづいている。この時代は氷期と間氷期がかわるがわるくり返され、先史時代とも呼ばれ、また考古学上では旧石器時代と称される。人類が猿人から原人に、そして旧人へと移り変わった時代である。その後四万年ぐらい前に現れたのが新人である。新人が現在のわれわれの直接の祖先ということになる。

新石器時代とは大体一万年ぐらい前から紀元前五〇〇〇年ぐらい前をいい、その後は青銅器時代と呼ばれている。

むれ社会も一つの集団であり、リーダーがいて一定の秩序があったと考えなければならない。むれ社会の生業は自然物の採集と狩りと漁労などであった。リーダーのもとそれらの生業にむれ社会のほぼ全員のはたらく力を振り分ける社会的分業が行われだれもが生きていたのはまちがいのないことである。このことによって、はじめてそれぞれのむれ社会の領域がそれぞれのむれ全員の共有財産として守ることができたのであろう。

次に出現したのが血縁的氏族制社会と呼ばれているものである。いくつかの家族が寄り合った集団である。当然、むれ社会より規模も大きく秩序もしっかりしたものを持つムラの前段階のものと考えられる。こうなったのもリーダーをはじめ、むれ社会の人びとの今日より明日はよくなろうとする努力の結果といえよう。

家族の確定ができるのは女性に限られる。そのため、次の新石器時代、約一万年前に定住、農耕と牧畜のムラがつくられるまでは母系社会がつづいた。中国での母系の血縁的氏族制社会の遺跡は周口店の上部地層の山頂洞のものがある。そこから出土したのが一万八〇〇〇年前と推定されている上《じょう》洞人《どうじん》（山頂洞人）の人骨であり、これは日中戦争後に発掘された。

紀元前四万年前に始まる血縁的氏族制社会の約三万年後、つまり、紀元前一万年ころには地縁的氏族制社会、すなわち、定住、農耕、牧畜のムラ社会が生まれることになる。

簡単に定住、農耕、牧畜といってもたやすいものではない。前述のⅡ、自然的農耕集落のムラのすがた、Ⅰ、ムラの誕生の条件で述べたように、作物の野生種から栽培種への転換、野生の動物の家畜化などの難題の解決をはじめ、洞穴住宅から地上家屋化、土器、織物づくりなどまことに多種多様の発明発見が伴わなければ実現しない。

いまも述べたことだが、中国でムラがつくられ農耕、牧畜が開始されたのは約一万年前と考えられる。これを示す遺跡が発掘された。河南省新鄭県裴李崗《はいりこう》遺跡、河北省武安県磁山村遺跡そして、甘粛省泰安県大地湾遺跡などがその代表である。

裴李崗、磁山両文化の特長を示すと、年代はほぼ同じ、文化内容もよく似る同系統の農耕文化で、いずれも川に臨む台地にムラをつくり定住している。しかし、その規模はかなり小さいもので、何戸ぐらいの集落なのかは不明であり残念である。とはいえ当然社会的分業を行い自給自足をしていたはずだから、その戸数は、どうしても三〇戸前後のむらであったと推定できる。

共通して、住居は円形や方形の半地下式の竪穴、そのまわりに穀物用の貯蔵穴がつくられていた。石製の鋤先を使い、アワが栽培され、イヌ、ブタ、ニワトリ、ヒツジを飼育、土器は泥質と砂まじりの紅陶がつかわれ、彩陶はみられない。有脚の石皿や少数の装身具があった。埋葬墓には土器や石器の副葬品もみつかっている。

C14による年代は前五九三五―五一九五年を示し、黄河文明の最初のすがたであるといわれている。

また、長江下流では浙江省余姚《よよう》県河姆渡《かぼと》遺跡が発見された。ここでは、約七〇〇〇年前に水稲栽培が行われていたことが確認されている。

これらのことから、中国では新石器時代（一万年から五〇〇〇年ぐらい）の早い段階で黄河流域や長江流域を中心に多くの三〇戸規模のムラができ、リーダーの指導のもと社会的分業が行われ、自給自足の生活がつづけられていたことがわかる。

河姆渡遺跡とほぼ同じころ、黄河中流域の黄土地帯の丘陵地で既述の仰韶《ぎょうしょう》文化が栄えていた。その代表的遺跡となるのが、日中戦争後に発見された半坡《はんぱ》遺跡と姜寨《きょうさい》遺跡である。これらの遺跡は、三〇戸ぐらいが群がるのどかな風景のむらのイメージとは異なり、何らかの目的を持つことをうかがわせるかなり大型化した集落である。

ここでは、すでにムラのリーダーが権力者となり、自らの富の独占のためにつくり上げたムラという印象が強い。

規模の大小は別としても、本来、中耕《ちゅうこう》農業の中国のムラは家々のまわりに田畑を持ち、周囲に共同利用の山野が広がり、小川が流れ、ムラ中が細い小道でつながっていた。

これらの遺跡はこのようなすがたのムラとはかなり異なるもので、周囲とは濠で隔てられ、数か所の出入り口には望楼を備え、木の橋をかけ、その内側に住居が立ち並ぶものであった。中央には共同作業所兼集会所と見られるものがつくられ、家畜囲いと数多くの貯蔵穴を備える空間であった。

この構えはいつなんどき外敵の襲来を受けても対抗できるものである。濠は獣害防止とも考えられるが、半坡遺跡のそれはその幅六—八メートルもあり外敵に対しての防戦のためのものと考えられている。

これら仰韶期よりおよそ三〇〇〇年後に当たる竜山文化の代表である山東省歴城県竜山鎮の城子崖《じょうしがい》遺跡では濠にかわって幅三メートルぐらいの高い壁でまわりが囲まれている。この文化の中から出現したのが中国最古の夏王朝とされている。

このころから前一七〇〇年ころ成立した殷王朝までが歴史学者のいう大集落のムラが周りを障壁で囲ったクニ（都市国家）となり、そのようなかたちの大小のクニ（邑《ゆう》制国家）が数多くつくられた時代である。周りに濠をめぐらせた半坡、姜寨の両遺跡はその先駆けと考えられる。

ちなみに、勝手な解釈かもしれないが、春秋時代、諸子百家の一、道家《どうか》の老子（前五世紀ごろ）は無為自然、人為をすて、小国寡民をすすめたそれは、これまで述べた八〇〇〇年以上前から四〇〇〇年くらい前までのほぼ四〇〇〇年にわたる環濠も城壁もない中国のムラの平穏なすがたを頭に描いたものでないのかと考えている。

それは、リーダーを中心としたムラ、権力者が出て権力を振りまわしムラびとを食いものにしないムラ、すなわち、だれもが社会的分業によって自給自足し生きたムラ、失業者も貧困者もいないムラである。道家の思想家たちは、多分、権力者の出現は人為、権力者がいないのが無為自然と考えたのではなかろうか。

ムラでは何戸ぐらいが集まり社会的分業をすれば自給自足ができ、そしていくばくかの富が残せるか、このことの答えを見つけることは本著述の大切なテーマの一つである。

姜寨遺跡は一〇〇戸の竪穴住居が五群に分かれていた。このことは単純にみれば一群は二〇戸となる。このことはその答えの重要なヒントを与える。かつて、この二〇戸はこの遺跡の周辺で一つのまとまったムラとして存在していたと想像できる。このように見るとこの遺跡はそのような五群が権力により、一か所に集められ囲われたものと考えられはしないか。

あちらこちらに散在していたムラがこのような形に権力者によって一か所に囲われ、ムラの要塞化、小国家化がはかられたことになる。このことは歴史家のほとんどが認めるところであろう。このようなムラの集合、編成は権力者によるムラの私物化、ムラびとの餌食化の本格化を示すものであろう。道家流の表現で言うと、この歴史段階は、その理想とする無為自然とは逆の人為不自然の域に随分足を踏みこみ、もうすでに引き返せないところに至っていることを物語っている。このことによって、ムラの社会的分業の順調な営みは大きくダメージを受け、ムラびとは失業、貧窮しムラの崩壊が始まる大きな一歩になったことは疑う余地のないことである。

権力者はムラびとを農地から切り離し、周囲を高い城壁で囲んだ内に居住させた。このことはムラびとを管理、支配していく上では好都合である。しかし、農耕、牧畜のしごとをするムラびとにとってはこんな不便はない。ひと時でも目を離せば十分な収穫は望めず、また、よい家畜は育たない。朝も夜も、冬も暑さの夏も四六時中、三六五日心をくばり畑や家畜と共にいなければ農耕、牧畜などというしごとはつとまらない。

権力者の立場からすればムラびとが農地や家畜飼育場から離れて住む不便や生産能率の低下、富の生産の減少などはさほど問題とはならない。それよりもまず権力者が優先すべきことは、自らの安全を守る環濠や城壁を強固なものにすることや、突然襲いくる敵の攻撃を防ぐことに、いつでも動員できるマンパワーとしてのムラびとを常に兵農不分離の状態に囲っておくことであった。

ムラの社会的分業のために過不足なくそのはたらく力を振り分けるという自らの使命などをまったく忘れ去ったのがこの時代からの権力者の実像となるのである。

(3) ムラびと城壁の中へ

ここからは、その第二となる。

中国社会において、権力者による社会的分業の本格的私物化餌食化に突入したことを示す証となるのがいまも述べた城壁である。城壁をもつクニ（小国家）、城壁国家が無数に出現するのは前二〇〇〇年ごろといわれている。

古くから農耕と牧畜がはじまった穀倉地帯の華北や華中の地につくられたクニの農民は毎日、朝、城門を出て自分たちの農地におもむき作業をし、暗くなる夕刻にまた城門をくぐり城内の住居に帰る毎日をつづけた。

このころを境に、長くつづいてきた母系社会は完全に父系社会に変わっている。これは男が兵士として戦場に、女は家業へと分化し、さらに戸別の家族化がすすみ家族を確定することが男にできるようになったことによるとされている。

城壁国家を築いた権力者のねらいは何といっても富の独占である。その富の源泉はムラとムラびとである。正確には、そこでの社会的分業である。できるだけ多くの富を手に入れようと思えばできるだけ多くのムラとムラびとを私物化することである。この私物化の争いこそが周りに対する侵略、征服戦争である。

城壁国家の遺跡の代表となるものがすでに述べた山東省歴城県竜山鎮の城子崖遺跡である。ちなみに、ここでは彩陶より進んだかたちの黒陶がつくられた。しかし、金属器は出土していない。侵略、征服の戦は次第に激しくなった。前二〇〇〇年をすぎたころ夏王朝が誕生した。すぐ後に殷王朝ができ、かわって周が興り、春秋時代（前七七〇―四〇三）、戦国時代（前四〇三―二二一）を経て秦（二二一―二〇六）が中国を統一した。秦と交替するかたちで漢（前漢、後漢）が帝国を引継ぎひとまず侵略征服の戦いは終わる。

ひとまずというのは、この長きにわたる侵略征服合戦のためムラのほぼすべてが再起不能に陥り、これがもとで漢帝国が立ち行かなくなり崩壊に至ったという、世界史に共通する中央集権国家の滅亡というかたちで中国の前史は終わりを告げたという意味からである。

城壁国家の出現によってムラびとたちは、それまで以上に権力者たちの富を独占するための侵略征服の戦に戦士として奉仕させられることになる。

ムラびとは、城門で農地と住居は切り離され、たいへん不便で効率の悪い中で社会的分業を行った。それでも富の生産に励み重税を納めなければならなかった。さらに、権力者のための城壁づくり、宮殿づくり、大墳墓づくりなどの過酷な労役にも駆り出された。何よりもつらい負担は兵士として相手のムラびとを殺さなければならなかったことである。戦いに死はつきもの、戦で傷つけば、ムラに帰ってもはたらけない。一家の大黒柱が戦死すればその家は農耕がつづけられなくなった。多くが貧窮し田畑を手離し流民となる外方法がなかった。

田畑は戦場となり荒れ果て、農耕の再開にはかなりの修復の手間と時間を要した。このような状態で社会的分業を円滑に進ませることはむつかしい。

夏の時代はすでに述べた竜山文化期（前二〇〇〇年ころ）に当たるが都のあとは発見されていない。大城壁国家の殷の都は黄河中流域の河南省、すなわち、中原の地を中心にいくども遷都をくり返している。殷の初代の王の湯王《とうおう》のときまでに八度、それ以降一八代盤庚王《ばんこう》までに五度、その盤庚王が都にしたところが殷墟《いんきょ》（河南省安陽県小屯村）である。その後、ここで八代一二王（前一三―前一一世紀）が都を営んだ。

殷は大小の城壁国家の盟主の地位にあったとされているが、大小入りまじって干戈の止むことはなかったはずである。

侵略征服戦で戦うのもムラびと、遷都のたびに都づくり、宮殿づくり、神殿づくりなどに徴用されるのもムラびとである。ムラびとなくして権力者の生活はなく、権力社会は語れない。ムラびとは戦死し、傷つき、けがをし、また、工事の秘密がばらされては困ると、ほとんどは殺された。これで、ムラの社会的分業が滞らないわけはなかった。

殷墟発掘調査からその宮殿の基壇の中に司令官から兵士までの八五〇人の軍団がそっくり埋められていたことや王の墓にいけにえにされ多くのムラびとが生埋めされていたこともわかっている。

このようなことは権力者のやるべきことであろうか。ムラを中心とした社会的分業の円滑な実現に心をくだきムラびとを安心させ農耕や牧畜にいそしませることこそが彼らの使命のはずである。権力者のやったすべてが自らとその一族、そして臣下の貴族たちの限りない欲望を満たすためだけの行為であったと言わざるを得ないことをおさえておきたい。

さて、殷をついだのが周である。

周の祖は后稷《ごしょく》、后は大地の神、稷はキビである。この名が示すように彼は殷王朝の農耕(農業)の長官であった。殷から見れば周は西方陝西省にいた農耕集落の一つの集団であった。昌(文王)のとき殷王から西方の諸侯の長として西伯《せいはく》の称号を授けられている。

昌は、つり師の異称となった太公望(呂尚)を重用した。彼は昌の子の武王を助けて殷を討ち天下を定めたとされている
武王(発)が初代で一二代の幽王までを周(都は西安)と呼ぶ。一三代の平王は都を洛陽に遷し、三七代赧王《たんおう》までつづいた。この間を西安の周、すなわち、西周に対して東周と呼んでいる。名目だけの王朝となり、歴史上では春秋、戦国時代と称されている。秦の始皇帝によって前二二一年、その歴史にピリオドが打たれた。

(4) 深まるムラびとの苦しみ

殷、周は氏族の邑《ゆう》を支配下に治めた邑制国家（都市国家）の特別強大なもの（大邑）であった。氏族の邑とは、貴族や諸侯の領地でいくつかの邑から成る。一邑は四井（一井は九家）とされていた。殷周の領土は、現在の中国の西北の一部と南部を除く広いものであった。

ムラの農法も夏の時代より井田《せいでん》法と呼ばれるものに変えられ、殷、周王朝で実施されたといわれている。それは耕地九〇〇畝を井の字の形に九等分し、八家が一〇〇畝（私田）ずつ耕作し、真中の一〇〇畝を公田とし八家が共同耕作しそこでの収穫を租税とした。これは、農法というよりも租税の法というべきものである。これについては疑問視する見解もあるが、しかし、このことは当時のムラがかなり大がかりに行政のムラへと、つまり自然的なものから人為のものへと変えられたことを示すものと見るべきであろう。社会的分業の見地からすればまさに大改悪、従来までの長くつづけてきたムラの社会的分業がかなり大きく歪化され壊されていったことを示している。すなわち、ムラびとの自給自足と富の生産が困難にさせられたことを物語るものである。

王が巫師長の神霊王朝であった殷と周王朝では統治方法がちがった。周王朝のほうがムラびとにとってはきびしいものであった。

すなわち、殷は征服地を直接統治したが、周は王族や侵略戦争で手柄をたてた功臣を諸侯に列し略奪したムラとムラびとを封地《ほうち》として与え、そこを治めさせる封建制をとった。私物化餌食化したムラを分け与えるいわゆる間接的統治であった。このことは公式に諸侯によるムラびとからの中間搾取を認めたことにほかならず、それだけムラびとにとっては、いわば二重の税、二重の労役、二重の兵役となる過酷なつらいものであった。

周が弱体化する戦国時代は燕《えん》、趙、魏、秦、斉、韓《かん》、楚《そ》の七雄が対立し、互に富国強兵を競った。富を得るため、これら都市国家の中で市が立ちさかんに商品が売買され斉《せい》の臨淄《りんし》、趙の邯鄲《ちょうかんたん》、秦の咸《かん》陽《よう》などの国都は大商業都市のようになった。このような中で、たとえば斉の刀銭、趙の布銭、周の穴あきの円銭などの青銅製の鋳貨がつくられている。

このころになると、塩や鉄などを製造、販売し巨富を蓄える新しいタイプの大商人も出現するようになった。このように商品が発達してくると、ムラびとは、次第にその影響を受け商人からも富の収奪を受けることになった。ムラびとにとっては、これからずっと、権力者と商人の双方に絞り取られるたいへん辛い時代の到来になるのである。

さて、春秋時代は、いわゆる都市国家の割拠の時代、諸侯（王朝の家臣）が争い覇者となった者が天下に号令を下した時である。周王朝を頭にいだきながら諸侯たちは、互いにまわりの弱小国家を併合し覇者をめざした。

戦国時代は諸侯の国内で下克上《げこくじょう》、簒奪《さんだつ》が行われ強い権力者による右で述べた富国強兵策を第一とする政治が行われた。春秋時代と同じくまわりの弱小国家は併呑され領土国家がつくられた。そして、それらが天下統一、すなわち、天下のムラとムラびとの私物化餌食化をめざし争うという時代であった。これまで、公《こう》と呼ばれていた首長や国主を王と称するようになるのもこの時代といわれる。

　戦国の諸侯は他国からの侵略を防ぐため隣国との境に長城を築き防備を固めたことも注目すべきことである。そのための経費と人手はまことに莫大であり、すべてがムラびとの負担であった。このことともムラの社会的分業を衰退に向わせることに拍車をかけた。

　戦国時代となる前五世紀ごろ、これまでの青銅器文化にかわって鉄器の使用が始まった。鉄器の生産は小アジアのヒッタイト（インド＝ヨーロッパ系）の国で前二〇〇〇年ごろはじめられ、北メソポタミアを経由して、中国にも伝わったものである。

　これにより鉄製のさまざまな農具がつくられそれによる中耕もはじまり農耕の生産性の向上や手工業の発達もみられた。しかし、これによる利益は一部の富農や有力な商人的手工業者のみが手にした。多くのムラびとは、そのために貧富の格差は大きくなり、むしろ、従来の社会的分業は大きく邪魔されることになった。

　このことだけに止まらず鉄製の兵器の発明、使用は従来の戦法を大きく変え、兵役を果たさねばならないムラびとにとってはたいへん脅威のものとなった。

　かつての戦争の主流は、四頭立ての馬車によるものだった。車上に弓矢を持つ貴族（役人）と御者が乗り、その後方またはまわりにムラびとの兵士（農民兵）が後援するスタイルのものであったが、これが一変し歩兵戦となった。歩兵にはムラびとがあたりその数、数千、数万の軍団をもって互いに戦った。それだけこれまでより多くのムラびとが徴兵されたことになる。貴族たちはいのちを惜しみムラびとを前面に立たせ、自らは第一線を退いたわけである。

このような苦悩をつづけるムラびとに、さらに追い打ちをかけたのが、貴族（中央、地方の役人）や裕福な商人によるムラびとが社会的分業で分担してきた土地の兼併であった。彼らは戦いでいのちを落とし、傷つき耕作をつづけられなくなったムラびとの田畑を取り上げ、時には強制的にムラびとを土地から追い出した。また未開の土地を私物化し、落ちぶれたムラびとを使い開墾した。このような手をつかい土地の独占がはじめられたのである。

これがいわゆる、土地兼併の風、大土地所有の出現である。なぜ、このようなことが起こされたのであろうか、ひとことで言えば領土国家の財政が傾き、それに頼ってきた王侯貴族の収入が減少したことによる。商人の場合はカモであった王侯貴族が豊かでなくなり、どこまでもの富の獲得をするには、結局、自らが土地を持ちムラびとに耕させ富を確保するのが一番と考えたためと言えよう。富の源泉であるムラとムラびとを食い物にして集めた富が減り、自らの取り分が少なくなったと言って貴族や商人のやることは酷い話である。これまで述べたあれやこれやでムラの社会的分業はこの上なくむちゃくちゃにされ、ムラは崩壊の渕に立たされたのである。

(5) 社会的分業のムラを潰した帝国

ここからは、その第三の段階である。

このようなかたちのムラびといじめをつづけ、数千年にわたるムラびとのためのムラびとによる社会的分業の歴史にとどめをさすのが秦、漢王朝であった。中国史上初の統一国家、大帝国の成立と称える見方もあるが、わたしは、この時点で先史よりつづけてきた社会的分業のムラが死んだ時代と考えている。

戦国時代とは諸侯が競って、人材登用しムラびとを食い物にして国力の向上をはかった時代である。秦も二十五代孝公の時、商鞅《しょうおう》、衛の国の亡命貴族を用い改革を行った。算賦《さんぷ》（人頭税）、貲算《しさん》いわゆる財産税を課すために戸籍法を定め、毎年八月人口調査、五人組制を敷き犯罪の防止に連帯責任をもたせ、成年男子一人にする分家制を定め、軍功（敵の首級をとる）で爵位授与、商人をおさえ、農工を奨励、郡県制の確立、未開地の開放などを行った。

法家《ほうか》主義できびしい法規制で国力をつけ戦国七雄のリーダーとなった。三一代、政、すなわち、始皇帝のとき全国を統一した。約一万戸を県とし、数十県を郡とし、全国を三六郡にした。全土で一五〇〇以上の県はすべて城壁で囲まれていたといわれる。郡県の下に郷里の制を置いた。この制によって、数千年つづいたムラは完全に潰され、皇帝に都合のよい行政のムラがつくられたことになる。

始皇帝の時の法家主義政治はきわめてきびしいものであった。法にそむけば、容赦なく死刑に処した。法といってもそれは始皇帝の是とすることであった。法家主義を貫くため、批判的な儒家主義を弾圧した。儒家の書を焚書《ふんしょ》し儒者四五〇人余りを首都咸陽《かんよう》に生き埋めにしたと伝えられている。

また、北方の長城は残し修築した。その他多くの長城はとりこわさせた。巨大な阿房宮《あぼうきゅう》の造営をはじめた。七〇万人にも及ぶ囚役を使ったが、二世皇帝の代に至っても完成しなかった。生前より驪山《りざん》に自らの墓をつくらせた。北方匈奴《きょうど》を撃つ遠征や貨幣の統一による商品流通の促進なども行っている。始皇帝の行ったことは偉大というよりもすべてが自らの欲望、野望のためと見て大きく誤るものではなかろう。彼のすべては全国津々浦々の何十万、何百万のムラびとの犠牲によるものであった。ただ残るものは、ムラびとの失業と貧困化とムラの社会的分業の崩壊であった。

この彼の独善に対する抵抗を示すのが前二〇九年の陳勝《ちんしょう》、呉広《ごこう》の乱である。これは、中国史上初のムラびとの反乱であった。北方防備に徴発された九〇〇人の兵卒を率い赴いていたが大雨のため予定の時間に間に合わないことがわかった。死刑になるのはまちがいない。それならいっそのことあばれようと決起したものである。これは、のちに項羽《こうう》と劉邦《りゅうほう》が秦を滅ぼすもとになる乱としても有名である。

秦につづき、ムラに壊滅的打撃を与え再び立ち上がれなくした王朝が漢である。漢王朝を建てたのは前述の劉邦である。彼は貧しい農民の子であった。陳勝らが反乱を起こすと項羽らと協同して秦と戦い、そして、破り、都咸陽を占領、つづいて項羽と争い滅ぼし秦朝を引きついだ。

秦の簒奪者でもあった漢は基本的に秦の郡県制による中央集権の政治体制をそっくり受けついだ。ちがったところは、秦の法家主義を儒家主義にかえたことである。苛歛誅求のため役人の片手に儒教をしっかりにぎりしめらせたことである。

この政治体制を強行しそれを一応完成させたのが、七代皇帝の武帝のころである。武帝はムラとムラびとと富を求めて領土の拡大を志し大規模な遠征をはじめた。漢の北方を脅かす匈奴《きょうど》と戦い中央アジアに勢力を伸ばし、北朝鮮を奪取、楽浪郡を設置（前一〇八）、さらにインドシナ東北部まで領土を広げた。

このため軍費はかさみ財政難に陥る。これを補うため、ムラびとに重税を課し、さらに利益をあげるため塩、鉄などの必需品の専売を強行した。そのためムラびとの生活は最悪となり失業、廃農、貧困化、遊民化などが一段と進んだ。加えて、宮廷では宦官《かんがん》と外戚（母方の親類）による権力争いばかりがつづき王朝の存在が危うくなった。

このような状況の中、内政重視の政策がとられたが、ムラの先行き不安はぬぐえず、貴族や富裕の有力者の土地兼併は進み、大土地所有者は豪族化した。彼らの圧力と厖大な軍事費の負担と軍役などでムラの自作農民は疲弊し多くが没落し流民化した。

最後までムラを支えていた自作農民の激減でムラの自給自足の機能、すなわち、社会的分業は完全に行きづまり富の生産、租税などの負担能力はまったくなくなってしまった。これはムラの全面崩壊である。

信頼できる世界最古の人口統計とされているものによると、前漢（前二〇二―後八）の平帝（位前一―後五）の西暦二年、全国戸数は一二二三万余戸あり、その人口は五九五九万余とされている。その後、赤眉（後一八）、緑林（後二〇）、更始（後二三）などの大乱が起こり多くの人命が失われたともいわれているが、平帝後の人口減少の流れは、ムラの崩壊の結果と考えられる。

後漢（後二五—二二〇）の世となりわが国の奴国王に「漢倭奴国王」印を与えた光武帝（位後二五—五七）の西暦五七年のそれでは、全国戸数四二七万余戸、その人口は二一〇〇万余と激減している。その後、いくらか戸数、人口ともに回復を示す統計もあるそうだが、その後の中国では、三〇〇年以上、南宋の時代まで、戸と人口の減少傾向はつづくことになった。

後漢の次の魏の明帝（位二二六—二三九）のころは人口減少の底のようである。明帝に仕えた陳群が、いまの人口は、天下三六郡といわれた前漢の文帝（位前一八〇—前一五七）、景帝（位前一五七—前一四一）のころと比べれば当時の一郡にすぎない。すなわち、三〇分の一ぐらいと報告していることから、文帝、景帝のころの人口を雑と六〇〇〇万人と見積るとその三〇分の一とは二〇〇万人となり、話半分としても、これは驚くべき数字となる。

漢の後の王朝、外戚の新王朝は短命におわり、光武帝が後漢王朝を興し立て直しを企てるが、ムラの崩壊をくいとめる方策などなくうまくはいかなかった。そのため宦官と外戚の権力争いは一段と激しさを増し、この争いは二二〇年、一四代、献帝の後漢の滅亡までつづいた。

ここでふたたび権力者による社会的分業の私物化餌食化の何かを再確認しておきたい。権力者、すなわち、皇帝の利益のためのみにムラびとのはたらく力を振り分けることである。すなわち、いささか極端な言い方になるが、皇帝ひとりの都合のよいようにムラびとをこき使うことである。

中国史上で権力者による社会的分業の私物化餌食化がその極に達した時が秦漢帝国となる。このために初の中央集権国家が誕生したわけである。三〇〇〇キロ以上も離れた中央アジアの大宛（だいえん）の汗血馬が欲しくなりムラびと兵六万にのぼる大軍でそこを攻めさせた。そして、名馬数十匹、軍馬三〇〇〇匹手に入れている。これなども七代武帝のいかにわがままだったかを示す一例であろう。先帝の是とするところ律となり後帝の是とするところ令としてきたのが歴代の皇帝のすがたである。武帝と大差があろうはずはない。

ところで、中国の歴史家の評価は、歴代の王朝を潰した王や皇帝に対しては、とりわけきびしいといわれている。

夏王朝、一七代桀王《けつおう》は暴虐で酒色にふけり妹喜《ばっき》を寵愛した悪人とされている。殷の三〇代紂王《ちゅうおう》は妲己《だっき》を愛し、酒池肉林の歓楽のかぎりをつくし妲己が残虐な刑を見るのをよろこぶので、そんな刑を盛んに行ったとんでもない極悪な王とされている。また、周（西周）の一二代、幽王は褒姒《ほうじ》、絶世の美人だが笑わない女を寵愛した。唯一笑うのは、のろしであった。よろこぶ顔を見たさに、やたらにのろしを上げさせた。結局、おおかみ少年となり戦の時に援軍は来ず、殺されてしまった間抜けの王とされている。

確かに、これらの王はそれぞれの王朝を潰した王にはちがいないが、それ以外の王はみな立派だったのかと言えばハイとは答えられないのではなかろうか。

ハイと言えばそれは権力者のすがたを見誤っていることになる。どの権力者も自らの欲望の限りをつくしたと言えばはしたない表現となるかもしれないが、歴史をどんどん見つめていけば人間の欲望というものにたどりつくようにも思う。

もちろん、どんな人間にも、よいところの一つや二つはある。それだけを見てとどまっていたのでは歴史を見たことにはならない。近代までは農耕、牧畜が基幹産業である。これを元にした社会的分業による自給自足の外にだれも生存できない。社会的分業を私物化し餌食化したから、すなわち、ムラびとの生活を犠牲にしたから大帝国がつくれたのである。そして、また、このことによって大帝国は潰れたのである。

Ⅳ　新たな権力者による人為的社会的分業の私物化餌食化

1　律令制後の日本

(1)　新たな権力者の富を得る手

人為的社会的分業とは新たな権力者による新たな権力者のためのむらびとのはたらく力の振り分けの意である。

さて、万人の生きるよりどころであるムラの社会的分業を潰し律令制中央集権国家を潰した権力者たちは、装いを改め新たな権力者となり人為のむらの荘園《しょうえん》をつくり富の独占を図った。やがて、そのむらから武士が生まれ、幕府をつくり新たな人為のむらをつくり富の独占を企てていくことになる。その最後のすがたが一七世紀にはじまる幕府と藩の地域的小国家、地方分権のかたちであった。この富の独占のしくみで、わずか百年余りの後の享保《きょうほう》年間には、武士は自らつくった人為のむらを行き詰まらせてしまった。その結果、武士は自滅することになる。ここでは、そのプロセスの概略を述べることになる。

天皇が全国のムラの社会的分業を私物化餌食化しそこでつくり出される富を天皇が独占するしくみ

は、前述のごとくその完成ののち数十年で、いとも簡単につぶれてしまった。

このしくみがつぶれはじめたことをいち早く気づいたのは、富の独占者である天皇や天皇を支えていた貴族たちであった。つぶれてしまえば、高額の収入は手にできなくなり地位を保ち贅沢三昧の暮らしができなくなることをまず彼らは恐れた。そして、さて、どうしたものかと思案した。

何としてもこれまで通り、いや、これまで以上の栄耀栄華を望み、子々孫々まで安泰でどこまでもの繁栄のつづくことを念じた。そのためには、何としても強い権力とその裏づけとなる多くの富を手にしつづけなければならないと考えた。彼らは、どこまでもの欲望の独占をめざし対策を練った。そして、彼らはある手を思いついた。

そのある手とは、いま冒頭で述べた人為のむらの荘園のことである。近代までの富は主に農業生産物であり、ムラ、むらがその唯一の生産地であったわけで、権力者がより多くの富を手にしようとすれば、より多くのムラ、むらを私物化餌食化するのが一番の方法である。これをいかに上手にやるかが近代までの権力者たちの最大の関心事であった。道理にかなったむらづくりはかつてのムラの社会的分業を再生させることとなのだが、新たな権力者たちはそんな正道を採らず面倒なく容易に多くの富を手にできるいま述べた方法、すなわち、多くのムラとムラびとを強引に囲いこみ、大土地所有という人為のむら、荘園づくりをはじめたのである。

新たな権力者となった貴族やその一門である寺社は、のちには皇室も加わることになるが、互いに競い合い、かつて公地公民の名のもとに天皇が独占していた全国の土地と農民、すなわち、ムラとムラびとをわがものにしようと囲いこみを始めた。これが、皇室、貴族、寺社などによるむらづくり、大土地所有のはじまりである。

ここで皇室や貴族と寺社との関係について述べておこう。端的に言えば、これら三者は身内の関係にあり、同義語といっても大きく誤れるものではない。皇室も貴族となった豪族のうちの一つである。都やその他の有名な寺社のことごとくが皇室を含む貴族一族の追善供養と平安繁栄などを祈願するために建てられたものばかりだからである。

たとえば、東大寺は八世紀の中ごろ聖武天皇の発願、建立のねがいはおもに皇室の平穏と繁栄であった。興福寺は藤原家の安泰と発展を願うもの、また、春日大社は藤原氏の氏神である。東寺は七九六年創建の桓武天皇の勅願寺。東寺は嵯峨天皇が、高野山とともに皇室の安穏を祈らせるために空海に与えている。伊勢神宮は天皇家の守り神であり、薬師寺は六八〇年、皇后の病気平ゆを祈り天武天皇によって建てられており、法隆寺、大安寺《だいあんじ》は聖徳太子の建立といわれている。

これらはほんの一例、都の寺院、神社はすべて皇室、貴族と同体と言えるものばかりなのである。全国に散在するあまたの寺社はそれらのうちのどれかの末寺、末社である。したがって寺社は皇室や貴族と等号でつなげるのである。

皇族や貴族たちは日本を武力で統一し、中国に学び律令制を始めた時から、自らがつくった寺や神社に租税を納めなくてもよい収穫丸取りの寺田《じでん》や神田《しんでん》を宛がい何不自由なく暮らしていける収入を確保していたのである。

皇族は最高権力のメンバーとして、貴族は中央の官僚として十分すぎる給料をまさに山分けのかたちで手にしていたにもかかわらず、一族のための寺や神社を建立し、それからも儲けをしていたことになる。何と欲の深い話であろうか、こんなことが許されていたのである。寺社は皇族や貴族の蓄財の隠れみのとさえいえる場所だったのである。今日、寺社に原則として、法人税や固定資産税などの税金がかからないことになっているのはこの時の不合理のつづきのような気がする。

(2)　新たな権力者のムラとムラびと集め

最大の土地所有者は新たな権力者の皇室と貴族の中の貴族の摂関家とこれらに因む寺社であった。摂関家とは天皇にかわって政治を行う摂政や関白を出す家である。藤原北家、近衛家、九条家、鷹司家、一条家、二条家がそれであり、藤原北家は鎌倉時代に衰えた。近衛家から後の二条家までの五摂家が江戸時代のおわりまで摂政や関白を出しつづけた。

寺では、東大寺、興福寺、東寺、高野山、元興《がんごう》寺、法隆寺などが多くの土地を所有した。神社では、石清水、伊勢神宮、賀茂神社、宇佐宮、熊野山、日吉《ひえ》社などである。

その分布でみれば、畿内とその周辺では一国のほとんどが皇室、摂関家、そして、寺社の私有地にされているところもある。全国でその私有地の数は四〇〇〇に近く、北は陸奥（青森県と岩手県の一部）、出羽（秋田県の大部分と山形県）から南は大隅、薩摩（鹿児島県）に至るまで分布していた。

皇室や貴族や寺社が大土地所有者となるそもそもは、富を得るために、地方の豪族と結びつき、自らが資金を出し、山野、未墾の土地や荒地を囲いこみ、付近のムラびとや浮浪人をやとい開墾や再開発を行ったのにはじまる。しだいにその権力を以て作物のよく取れる周囲のムラムラを直轄地にとりこんだ。一方では、豪族や有力農民が開墾した田畠が寄進された。このようなかたちでどんどん私有地を増やしていったのである。わが国は水田稲作を中心とする中耕農業の国である。それゆえ、よい国にするには、自然と調和し、だれもが私心をすて、上下のさかいをつくらず力を合わせ、清廉と賢明の心、すなわち、清明心という美徳を発揮することが何にもまして欠かせないことになる。つまり、本来の社会的分業により近づかなければ、だれもが人間らしく生き、しあわせになれない国柄なのである。

実は、これを実現させていくのがムラのリーダーの使命であったのだが、こんな美徳に対する自覚が乏しく、欲に目が眩んだリーダーが出て、武力で他を抑えどこまでも富を求める権力者となった。そして、大陸のさるまねの律令制中央集権国家をつくった。しかし、わが国にはなじまずその結果、ムラムラの社会的分業を潰してしまいたちまちその国家は潰滅した。

皇室や貴族、寺社などの新たな権力者たちはこの苦い経験から何も学んでいない。先人たちが長きにわたり守り通してきたムラでの本来の社会的分業へおもいをはせることなどできなかったのである。権力者たちに温故知新はなかったことになる。

ムラのリーダーは、より大きな権力を握った時から、地球上のいずこのタイラントにも劣らぬ欲望全開者となった。これを支えさせられたムラびとは苦しみの中でだれかに救いを求めつづけた。この中から生まれたのが寄らば大樹の陰の事大主義であろう。稲作栽培は、当初より権力者の強制による過酷な労働を伴った。ムラびとにとっては取り入れの後のしばしの憩がすべてであった。このことによって形づくられたのが、ムラびとの刹那《せつな》主義の生き方であろう。これらのことは、現代二一世紀の今日もわれわれ日本人の心や考え方の底に居座りつづけているような気がする。

墾田永世私財法ではじまる皇室や貴族が土地を私物化し富を独占するやり方は地方の豪族や有力農民のまねるところとなった。そして、彼らは、ムラびとや下人《げにん》などを使い原野の開墾や農業放棄地の再開発を貪欲にやり、それを自分の財産にした。

こうして手に入れた彼らの土地はしばしば、他の豪族に奪われたり、国司によって強引に没収されたりした。

このようなことだけはどうしても避けたいと、彼らは都の勢力ある大土地所有者の皇室や貴族や寺社に彼らの土地を寄進というかたちをとって自らの利益を守る知恵を出したのである。これなら預かる側も預ける方も損はない。

また、地方の豪族や有力な農民の中には郡司や郷司という国司の下の役人となって開墾した自分の土地を守ろうとする者もいた。しかし、時の流れはこれを許さず、結局、多くの場合、都の貴族や寺社の権力に頼らざるを得なくなった。

土地を寄進した代償として、彼らは貴族や寺社の私有地を管理する役人、荘官に任命されることが多かった。荘官のしごとは、領主である貴族や寺社の土地の管理とそこから年貢や公事（年貢米以外の特産物や手工業品など）をできるだけ多く徴収し領主に納めることであった。

領主といえども、寄進された土地や自らの土地を自分の力で守りきれないこともあった。そのような場合は、より上級の力の強い摂関家や皇室の力を借りた。力を貸した摂関家や皇室は本家と呼ばれた。領主は本家に対してそのお礼に年貢の一部を割き進上し自らの利益と安泰をはかったのである。このことは一一世紀から一二世紀にかけてさかんに行われた現象である。

さらに、大土地所有者たちは法をつくる立場を利用して、もうひとつ富を確実に手にする狡かつな方法を考え出した。

それは、すでに一〇世紀ごろから始まるが、天皇という国家権力が立ち入り税を徴収する権力や土地の調査権、そして、警察、裁判権などを拒否する特権を手にすることであった。これは、ヨーロッパのインムニタスによく似るもので不輸・不入権と呼ばれる。これで、大土地所有者たちは自らの土地のすべてを天皇の力の及ばぬ治外法権の世界にしてしまったのである。

このような皇室や貴族や寺社による富の独占のための私有地をわが国では荘園と呼んでいる。ヨーロッパの場合は基本的には類似するとはいえ、地域でかなりその大土地所有のかたちや中身に差があり、イギリスではマナー、ドイツではグルントヘルシャフトの名がある

わが国で荘園すなわち貴族や寺社による大土地所有がはじまるのは、すでに述べたように八世紀の半ば過ぎからであり、さかんになるのが一〇世紀のころである。その前は国土のほとんどが天皇の私

有地で、全国、六〇余国に分けられ、公領（国衙領）と呼ばれていた。しかし、天皇によるムラの私物化餌食化でほとんどの公領のムラが荒れ果てムラびとは死に瀕した。

あしたの食べものもない荒廃したムラから年貢など出せるはずはなく、したがって、ムラびとは天皇支配になる前の長い歴史のムラへの夢を、すなわち、本来の社会的分業のできるムラへの切なる願いをかなえることなど絶望の状態下にあった。

そのような中での荘園の成立であった。当初荘園はまだ一部の権力者に限られていたので、その荘園づくりは、すでに述べたごとく、未墾の地や荒廃しきった公領のムラの再開発を伴う囲いこみから始まったのである。

公領の囲いこみや未墾地、無主の山野の囲いこみとそれらの開墾によって荘園の拡大に貢献した人間は地方の豪族や有力農民であったこともすでに述べたことである。

しかし、辛うじて生き残っていたムラびとはこのような豪族や有力農民の行動によってさらなるダメージをこうむることになった。それは、その時まで家畜のえさや草肥を採る山野の共同用益地まで囲いこまれてしまったことである。ムラの農業に不可欠の土地だけに生き残りのムラびとはたちまち、農業経営ができなくなり、没落を余儀なくされ流亡化した。その多くは生きるよりどころを求めて荘園に流れこみ荘民となった。

⑶ 新たな権力者の人為のむら

ところで新たな権力者、大土地所有者である領主が自らのために行ったむらびとのはたらく力の振り分けはどのようなものであったか、すなわち、領主の富の収奪のためのむらづくりである荘園のすがたかたちはどのようなものであったか、このことについてみてみよう。

その形成期の八世紀半ばから、盛んとなる一〇世紀ごろまでの荘園は、専業の荘民はきわめて少なかった。そこでは、田堵《たと》と呼ばれた有力農民が領主と契約を結び、荘園の耕作を請負っていた。その土地は名《みょう》と呼ばれ、田堵は、しだいにその土地に対する耕作占有権を強めていった。一方領主は、自らが納めるべき諸税を田堵に負担させるなど田堵への支配を強めていくことになる。

このような中で、田堵たちは、荘園の専属の担い手となり名田（名の田畠）の持ち主となり、名主《みょうしゅ》と呼ばれた。彼らは家族のはたらく力や下人を使って耕作した。また、田の一部を荘園内の他の名主や作人（小農民）に小作させたりもした。

天皇の私有地である公領のほうでは、一〇世紀をさかいに、国司に地方の政治をまかせきりとなり、国司は荘園のやり方をまね、有力田堵に農業経営などをやらせ自らも荘園領主のような土地所有の道を歩みはじめている。

以上のことからわかるように荘園でも公領でも、その集団に属する人々の必要とするしごと（農業）

に集団の人々のはたらく力を振り分け、人々のはたらきによって得られた富を分け合い生きるという本来の社会的分業の営みとはおよそかけ離れたことが行われていたことになる。荘園というところは田堵のため、さらには荘園領主や国司のためだけにむらびとを連れてきて扱き使いひたすら富を吸い上げるところであった。そして、その富は最高の領主へと上納されていった。

このように荘園というものは権力者で最高の領主である皇室や貴族や寺社の単なる富の奪取の手段であった。その耕地は、給田《きゅうでん》、名田《みょうでん》、一色田《いっしきでん》、佃《つくだ》などに都合よく分けられていた。

給田は、下司など荘官の給料として与えられた田で、当然、年貢などは免除されていた。ここでは、荘官が下人や所従という半奴隷のむらびとを使い耕作させ、また、一般のむらびとにも請作《うけさく》させていた。実際には一般のむらびとを強制的に使っていたといっても過言でない状態であった。

名田は、本来は領主の土地であり、畿内では耕地片のまとまりをいい、数町程度の耕地に、それぞれ百姓名がつけられていた。辺境の場合は半独立の農民の土地や山林、原野をまとめた数十町のものがあり、多くは、領主名がつけられていたといわれる。すでに述べたごとく、名主には名田の年貢の徴収とその納入責任を負わせ、年貢米は田地一段当り、三—五斗が課せられていた。当時の段別平均収穫高は一石少々とされているので、かなりの高額といえる。さらに、名単位で課せられるものに、雑多な各種の生産品と夫役《ぶやく》を合わせて雑役《ぞうやく》または公事《くじ》と呼ばれる税があり、名田ではたらくむらびとがそれらのすべてを負担していた。

一色田は、名田以外の田地で領主の直属地である。ここでは、公事が免除されたかわりに、高額の重い年貢が課せられた。一色とは一色の物、つまり、年貢米だけを出すので一色田と呼ばれた。ところで、この公事の免除で得をするのはむらびとではなく、名主や領主であった。免れた分、役得として、彼らは自らの収入とした。つまり、むらびとは年貢を国司や本家に、そして、公事は名主や領主に納めたことになるからである。

佃《つくだ》は領主の直営地である。ここでは、下人や荘内のむらびとを夫役として耕作させた。種子とか耕作に必要な物品である農料は領主が与えていた。荘民を税負担別で分けると、まず税負担者である名主とほぼ同格だが一段低い作人《さくにん》がいた。彼らは、はじめ領主から土地をあてがわれ請作したもので、田堵とも呼ばれ、単なる領主の小作人ではなく手下に多くのむらびとを使っていたので中間管理職のような立場であった。さらに、名主や作人に隷属する半ば奴隷の所従《しょじゅう》、下人がいた。もちろん、彼らは、税負担はなかった。

その他に、領主のために便益品や贅沢品を生産する職人がいた。彼らは、免田（年貢、公事の免除）を与えられ建築、かじ、皮細工、土器、檜《ひ》物、紙漉《かみすき》、織物などに従事した。

荘園領主によるむらびとのはたらく力の振り分けは上下の身分階層に分け、上意下達ではたらかせるというきわめて雑なものであった。その身分階層は大きく分けて、名主と小百姓に分けることができる。小百姓とは、一般の半独立の百姓と所従や下人である。

名主、小百姓のすべてが百姓身分として領主の支配をうけた。名主は、すでに述べたごとく、むらの指導者ともいえる存在で、常に小百姓の上位に立ち、傍系家族や下人を従え、父系の家長が家族を統率、服従させ、家父長的な大経営をする有力なむらびとである。そのために当然、内得を残すことができ、ある程度の財力を蓄えることができた。

小百姓は、名主のように土地保有権はない。名田や一色田などで作手としてはたらき、しばしば、没落したむらびとの荒廃地や荒地が割り当てられ不利な農業を強いられた。そのため、つねに経営不安定で何かのはずみでたちまち、多くが落ちぶれ流民化した。

国司が支配をまかされた公領とて、これと同様であった。むらびとは朝に朝星、夜は夜星、ねる暇もなく夜なべをした。まさに牛馬のごとくはたらかなければならなかった。間引き、飢餓、流亡と、人間らしい生活のほとんどないまま多くは一生を終えた。

百姓のことなど記録に残す値打も必要もないとされた時代であった。むらびとの生活を知る残された文献、資料はきわめて乏しい。さて、以上が、皇室、貴族、寺社、そして国司の富の収奪のためにつくられた人為のむら、すなわち、荘園というもののかたちとむらびとのはたらく力の振り分けの実態を示すものである。つまり、新たな権力者による人為的社会的分業（人為のむら）の私物化餌食化のすがたということになる。

(4)　武士のむら、武士のむらびとへ

さて、ここからは新たな権力者による人為的社会的分業の私物化餌食化の第二幕である。

貴族、寺社、皇室に代わり、富の独占的収奪者として登場するのが武士である。武士による人為的社会的分業の私物化餌食化、すなわち、新たな権力者による富の収奪のためにつくられた人為（行政）のむらは近代までつづいた。

一体、どうして武士が登場するに至ったのであろうか。すこし眺めておこう。

私的大土地所有が進む中で、荘園の耕作をまかされた有力農民は領主に自らの力を認めさせ、名田を占有し、名主となったことはすでに述べた。有力な名主たちは、その内得で財力をたくわえ、手下を引きつれる豪族となった。しばしば国司や荘園領主から重い税をかけられ、開墾した土地を取り上げられることもしばしば起きた。また、他の名主や豪族との間で、用水や土地の境界などのトラブルが起こり争いの絶えることはなかった。

彼らは自らの富と一族の生活のために何としても、一生懸命、自らの土地を守らなければならなかった。それには勢力、武力の強化がどうしても必要不可欠であった。一族を率い、弓矢で武装し、馬に乗り戦う訓練を行うようになった。一旦争いが起きると、一族や手下の有力農民や下人などを従えて勇敢に戦った。こうして武士が起こった。

全国各地に興った武士たちを束ね、彼らと主従関係を結びその棟梁《とうりょう》となったのが、天皇の子孫とされる源氏と平氏である。ともに、はじめは都で天皇や貴族の番犬であった。そのうちに、畿内やその周辺、そして、全国に広がる皇室や貴族の膨大な所有地を略奪しはじめた。すなわち、荘園の乗っ取りである。

全国六〇余か国のうち三〇余か国を支配し、多くの荘園を手に入れ、地頭《じとう》も置き一族をみな高い位につけ、そこから収奪した富で栄華をきわめたのが平清盛である。「平氏にあらざれば人にあらず」と。「おごる平氏も久しからず」やがて、一一八五年、平氏を滅ぼし、その所領を没収し、武士の最高の権力の座についたのが源氏の頼朝である。

彼は、これまでにない新たな権力者による人為的社会的分業の私物化餌食化、すなわち、新たな富の収奪のしくみである幕府をつくった。そして、そのために、新しいかたちの人為のむらづくりをはじめたのである。それが守護《しゅご》と地頭の設置であった。守護は全国六〇余国の国ごとに置き、地頭は全国に広がる荘園や天皇の所領である公領に置いた。守護と地頭には、頼朝と主従の関係を結んだ御家人が当てられた。人為のむらづくりやそこからの富の収取の責任者は地頭であった。守護は国々の軍事や警察などのしごとを受け持った。地頭を指揮し、その上に立つものではなかった。

しかし、その後、時が移り守護による地域一円支配、すなわち、領国化ということが進む中で、地頭は有力守護の家臣となっていった。地頭の報酬は慣習の給与と田地一段当たり五升の兵糧米を徴収する権利であった。全国くまなく地頭が設置されたのは、一二二一年（承久三）の天皇方と源氏の戦いで源氏が勝ってからである。天皇方（公家）や天皇方に加担した武家の所領三〇〇〇余か所を取り上げ、そこに戦功の御家人を地頭に任命してからとなる。すでに述べたように、人為のむらづくりのしごとは地頭の役目である。まず、田畠の面積や収穫の品等などを調べる検田と田畠の管理、そして、勧農《かんのう》をし、さらに、警察のしごとや裁判を行うことであった。勧農とはむらの農業生産を増やすための指導をすることでありかつて国司が行っていた「勧課農桑」を引きつぐものである。

以上述べた三つのしごとは、天皇支配の中央集権国家のムラづくりの時から、貴族や寺社支配の大土地所有の荘園のむらづくりまで継承されており、それらは、荘園領主と荘官の間で分割分担するかたちで行われていたものである。

ところが武士の時代となり、すべての土地が地頭の支配する時代となった。三つのしごとを地頭が一手ににぎることになったため、荘園領主との間でその権限をめぐり争いが絶えないことになった。地頭の使命は、できるだけ多くの富を将軍、頼朝に納めることにあったので、荘園領主に納める年貢を抑留したり、横取りしたりした。さらに、荘園の下地を領主と折半して地頭が支配するという新手も使われた。これらは武力を背景に手加減することなく断行されている。

地頭が支配を始めたころのむらのすがたは、荘園時代のそれと大差のない状態であったが、地頭のむらづくりやとくに富の収奪の方法は酷いものになった。慣例を無視し、規定外の年貢や公事《くじ》を徴収し、さらに数々の夫役を課すというものであった。まさにこれらの故に「泣く子と地頭には勝てぬ」と嫌悪されたのであった。このように地頭の力が強くなったのは一三世紀の半ばのことで、むらびとはただ牛馬のごとく使われたのである。

(5) 守護のむらづくり

不思議なことに、上記のような地頭支配の時代に考えられないことが起こった。それは、むらで開墾が進み、畠作が普及し、土木技術が進歩し河川の利水、造池、水田稲作の苗代栽培が広まり、畿内や西国では二毛作が一般的になったことである。

一般のむらびとは、この上なく疲弊する中でこのような新展開がおこりえたのは一体どうしてであろう。

この主役となったのは有力農民、すなわち、地方で武力を蓄えた豪族たちである。彼らは、天皇、貴族の世から武士の世へと大変動する中で自衛のため何としても生産力を向上させ富を蓄え強い勢力を保つ必要があったためである。このことは、全国おしなべてではなく、あくまでも畿内やその周辺の中でも特定の地域にのみ限られた現象であった。このような豪族のむらでは、また、作人から名主へ、所従、下人から作人への身分の上昇が起きた。このことはのちに述べる惣《そう》ともかかわることで注目すべきことがらである。

また、平行して、商業や手工業も発展し、市も立ち、年貢や公事の一部銭納も始まっており、水上運送の問丸《といまる》がおこり、為替《かわせ》も用いられた。

さて、諸国の守護は、一四世紀前半にはじまる天皇が二人立つ南北朝の内乱に乗じて力をのばした。国内の寺社領、公領、（天皇の私有地）を、また、荘園の地頭職（職務と権限）や名主職（名田に対する権利）などをつぎつぎと奪っていき自分の領地としたのである。

その手口たるや狡智の限りとしかいいようのないものであった。それは、荘園の年貢の半分を取り上げる半済《はんぜい》や荘園や公領の経営を守護に一任させた守護請《しゅごうけ》をてこに、任国を領国化し支配を世襲するものであった。かくして守護は初期のすがたとはまったく性格の異なる存在となった。これが、いわゆる守護大名である。この領国化は、後の幕藩体制の藩の原形となるものであった。

一方、守護が大名化する中で、すでに述べた畿内やその周辺の農業生産力を増大させた地域では、豪族の地侍《じざむらい》や名主を中心に村落の自治組織の惣が成立し惣村をつくった。ここでは、年貢を共同して請負う地下請《じげうけ》も行われ自分たちの利益を守った。

自治と名付けられているからといってもこの村落は、本来の社会的分業のムラの再現をめざすものではなかった。たとえめざしてもひとたび潰したその再現など永遠に不可能のことである。あくまでも地侍や名主層のためのものであった。打ちつづく戦乱の中、生き残りの荘園領主や室町幕府、それらのおもな財政的支援者であった酒屋《さかや》、土倉《どそう》などの独占的高利貸商人や守護大名と戦う自衛のための組織づくりであった。

十四世紀から十六世紀半ば過ぎのこの時代は、人為的社会的分業の私物化餌食化の支配をめぐって、貴族と武士が激しく争った戦乱期に当たり、衰えゆく者からみてこの期をいわゆる下克上《げこくじょう》の世とも呼ばれている。

これに深く係ったのが地侍や名主層であった。彼らが、自分たちの利益のために、すなわち、年貢をへらすことや借金帳消しなどを求めて、むらびとを巻き込み武力蜂起したのが土一揆（どいっきともいう）である。

これはおもに畿内やその周辺で数多く引き起こされており、その代表的なものが一四二八年（正長元年）の正長《しょうちょう》の土一揆である。この一揆は近江坂本の馬借《ばしゃく》を中心に山科、醍醐の農民などが京都に乱入、幕府に徳政令《とくせいれい》を要求、酒屋、土倉、寺院などを破壊し、ものを奪い、借金証書をことごとく破ったとされているものである。

また、この延長戦上に引き起こされたのが国一揆である。一四八五年の山城（京都）国一揆では、守護大名を追い払い、八年近くも自治制を敷いている。

さらに、一向《いっこう》信仰と結びついて引き起こされたのが一向一揆である。一四八八年、加賀（石川県）では守護大名を倒し一揆の支配が一〇〇年近くつづいている。

また、むらびとからの富の収奪が下手で部下にいい思いをさせることのできない守護大名は部下にその座を追われることが当り前のように引き起こされたが、これを支持したのが地侍や名主層であった。このようにして多くの守護大名にかわってあらわれたのが戦国大名である。

彼らは、積極的により多くの富を手に入れるため、分国法をつくり、治水、かんがいを進め独自のむらづくりをはじめた。領国の検田、戸籍調査を行い、まわりの公領や貴族や寺社の荘園を潰し土地とむらびとを私物化した。他の戦国大名ともすすんで戦い、ひとえに支配地、領国の拡大をめざした。

頑固にどこまでもの抵抗する皇室、貴族、寺社の支配地をことごとく武士のものにさせたのが、武力を背景に行った検地であった。中でも徹底した検地を全国一斉にやり、国土から一切の荘園（私有地）をなくしたのが豊臣秀吉の太閤《たいこう》検地である。

それだけに太閤検地は凄まじいものだった。織田信長の延暦寺の焼き打ちなども、その先駆といえるが、豊臣秀吉は恐ろしいほどの決意で望んでいる。「さからう城主は部下の一人も残さず撫切り、百姓以下の者も、さからえば一むら、二むらでも皆殺せ、土地を耕すものがいなくなっても、かまわない」(秀吉から検地奉行、浅野弾正少弼への文書)と大号令を発している。

(6) 武士の人為のむら

① 村請制

これほどまでに行った検地の目的はどこにあったのだろう。

一言でいえば武士の富の独占である。そのためには、富のもとである年貢の納入や諸役を確実に果たさせるこれまでとはまったくちがった村請制《むらうけせい》のむらをほぼ同じかたちにつくることが必要であった。これには、従来のむらを村切りという手法で離合集散させなければならず、これに欠かせないのが土地台帳づくりの検地であった。したがってこの検地というものは、だれであろうといかなる人間に対しても容赦なく徹底的なものとなったのである。

年貢を増やす方法は、実際に毎日、田畠を耕作しているむらびとをその土地の耕作者に、すなわち、本百姓に定め年貢の負担者にすることである。つまり、できるだけ多くの人為のむらをつくり、一つのむらの年貢負担者、本百姓を一人でも増やせば、むら全体の年貢量が増え、全体では、武士はより多くの富を手にすることが可能となる。さらに、かつての荘園領主や国司、荘官、地侍や豪農などの中間搾取する人間を除去し、武士によるむらとむらびとを直接支配することが第一との考えからである。この検地によるむらづくりは、いろいろと中間管理職を置く天皇による中央集権下の公領のムラとも、また皇室や貴族や寺社による荘園のむらづくりとも異なる武士による新たなむらづくりだったといえるのである。

このむらの規模は、大体平均して四〇〇人程度に設定されている。たとえば、一戸八名の家族とすれば五〇戸あったことになる。五人組の編成をすれば十グループに分けられる。この規模は一応、人口やかたちの上から言えばむら内で結婚や助け合いができるものであった。しかし、このむらは武士の富の収奪のためにのみつくられたもので本来の社会的分業のムラとは大きくかけ離れたものであった。「ごまの油と百姓は、絞れば絞る程出る物也」（勘定奉行、神尾若狭守春央）、これが武士のむらづくりのスローガンだったといえよう。

このようなむらづくりは、人為不自然の極みといえるものなので、内部に多くの矛盾を宿すのは当然のことである。それらがいつ爆発し体制が崩壊に瀕してもおかしくないものなのである。

ところで、武士がつくった人為のむらの矛盾とはどのようなものであろうか。それは、第一に、むらびとのはたらく力の振り分けの社会的分業がほとんど行われないため、多くがすぐ食べていけなくなるむらである。前の時代からつづく土地所有の多少を、すなわち、後の地主、小作関係の元をそのまま残し、きわめて貧富の格差の甚だしい不自然で不生産的で富をつくる底力のないむらであった。

このようなむらだから、常にむらびと同士の利害が対立しトラブルの絶えないまことにストレスだらけの息苦しさがただようむらであった。血族や姻族の結びつきが強く、本家、分家にこだわり、それ以外のむらびととは助け合い協力ができにくいむらであった。これらのことをつづめて言えば負の封建的遺制といえるものであり、ごく最近、むらが死ぬまで根強く陋習として残りつづけたものである。

年貢を納める本百姓の数を政策的に増やしたとはいえ、実態はこのようなむらなのに、年貢だけは体制末に近づくほど多くかつきびしく絞り取られた。したがって、虫害、水害、冷害などや武士の悪政などのたびに、たちまち飢饉が引起こされるむらであった。

このような構造的矛盾から、幕藩体制期に、記録に残されているだけでも、大体三五回、飢饉が数えられている。なかでも、享保《きょうほう》（一七三二）、天明（一七八二―八七）、天保《てんぽう》（一八三三―三九）のそれは、近世三大飢饉といわれている。餓死者は享保では九七万人、人肉までも食べたと言われる天明は二〇〇万人、天保は、津軽藩で二〇万人、全国で九二万人と記し残されている。

本来の社会的分業ができないということはむらびとにとってこれほど悲しいことはない。このようなむらでは、権力者がどんな手をつかっても、かつての律令制のような中央集権国家は到底支えられない話となる。したがって武士は幕藩体制という幕府をリーダーとする藩の寄せ集めのかたちをかろうじてつくりえたのである。これはまさに、地方分権の小国家の集まりの外の何ものでもない。

一八世紀はじめのわが国の総人口は三、一〇〇万ぐらいと推定されているので、したがって単純計算すれば武士によってつくられた人為のむらの総数は大体、八万弱となる。

くどい話となるが、武士のむらづくりはかつての本来の社会的分業のできるムラに立ちかえらせるためにつくられたものでなく、年貢などの税（富）を取り上げるために都合のよいようにつくられたものなので、そのためその規模も構造もほぼ全国的に画一的なものになっている。

むらの組織は武士の手下となる庄屋、組頭、百姓代のむら役人がいて、その下に、名（部落）があり、それが五人組にわけられていた。これらはすべて年貢完納強制システムであり、むら役人の責任で管理された。

武士はむら役人を通してむらびとに言った。年貢さえすませば、お前たち百姓ほど気楽なものはない、身分は武士の次なのだと。こうおだてあげる一方で、慶安御触書《けいあんおふれがき》（一六四九年）によって、米を食べず雑穀を食べることや麻布・木綿の衣服を着ること、酒や茶を飲むことが禁じられ、さらに検地により土地から離れること、田畑永代売買の禁令（一六四三年）で土地を売買すること、田畑勝手作りの禁（一六四四年）をもって米以外の作物を勝手につくることが厳禁にされた。これらを許せば、おもな富である米の生産のさまたげとなるからである。

検地によって、自作農民（本百姓）を増やしたことにより人口も米穀の生産もたしかに増加した。武士が権力者として登場する一二世紀のおわりから約四〇〇年間、七〇〇万ぐらいで推移した人口が一七世紀のはじめで一二〇〇万人に、一八世紀のはじめで三〇〇〇万人になっている。江戸時代の総石高は大体、三〇〇〇万石、むら高平均は四〇〇石前後といわれている。

むらびとは普通、四公六民だが、しばしば五公五民、時に六公四民と年貢を上げられた。公は年貢のこと、民はムラびとの取り分。むらでは、前述の御触書に従い粟やきびやひえや麦を食べ米はほとんど武士に差し出したのである。むらびとが困窮するのは当たり前のこととして、ことさら記録に残されたり、手が差しのべられたりすることはなかった。記録に残そうにも多くのむらびとは無学文盲だったので、おもいの一つも文字で残すことはできなかったのであった。

むら役人は、例外なく、父祖からの高持《たかもち》の最有力百姓である。その上扶持《ふち》が支給された。そして、ほとんどが世襲で内得ができた。また役を悪用し不正をはたらく者も多くいた。そのため多くが財を蓄えることができた。しだいに、むら役人と本百姓たちの間に貧富の格差が広がった。これが村方騒《むらかたそう》動《どう》の原因である。全人口の九割近いむらびとの生活は一部のむら役人などの富者を除き、重い年貢や諸役のため貧乏が常で、牛馬のごとくはたらき、とうてい人間とはいい難い状態であった。飢饉になれば多くが死んだ。一〇〇〇年以上も前の律令制中央集権国家のために私物化されたムラの時代と実質、何ら変らなかったのがむらびとの生涯であった。これが武士によるむらとむらびとの私物化餌食化の実像である。

② 一揆とむらの崩壊

七世紀の後半からの天皇による社会的分業の私物化餌食化によってムラが完全崩壊させられて以来、ムラとムラびとの集落は貴族から武士へとバトンタッチされ逆らえぬ力で荘園のむら、地侍や名主による惣のむら、そして、武士による村請制のむらへと変えられた。まさに合わされたり離されたりと翻弄されつづけたわけである。

すでに、武士のむらづくりは、多くの矛盾を宿した不自然のむら、その矛盾のマグマの爆発によっていつむらが潰れ、体制が崩壊してもおかしくないと述べた。

その爆発とは百姓一揆のことである。これは、武士によるむらづくりのはじめから武士による富独占体制の終えんまでつづいた。その数は三二〇〇余とする説もあるが、実際は記録もれや故意に歴史から消却したものも当然あり、当時存在したと思われる八万弱のむらに一件あったとしても八万件となる。実数はその説の数を上まわるとみなければならない。

一六世紀後半から一七世紀はじめの武士によるむらづくりが強行されたころは、前の時代の土一揆的な在地土豪に指導された検地反対一揆や村切り反対一揆と他領に逃げこむ逃散《ちょうさん》のかたちが多かった。つづいて、むらづくりが固められていくにつれて多くなるのが直訴、越訴《おっそ》である。むらびとを代表して年貢減免を三代将軍徳川家光に直訴し妻子とともに処刑された佐倉惣五郎（下総佐倉藩の百姓一揆の指導者）の話は有名である。

武士によるむら支配が百年ほどつづきむらの綻びが決定的となる元禄（一六八八―一七〇三）のころは、幕府財政は大きく傾き、窮乏一途の武士と商人（町人）の立場が逆転した享保年間（一七一六―三五）は、武士による富独占体制の実質的崩壊の時期とわたくしは見ているのだが、この前後は全藩一揆と呼ばれるものが頻発した。これは、大規模かつ組織的なもので一般のむらびとが進んで参加したので惣《そう》百姓一揆ともいわれている。とくに、天明の飢饉の時は各地でこのタイプの一揆が多発している。この一揆はむら役人層の指導のもと広く多くのむらびとが年貢をめぐり領主と直接対抗するもので幕末の世直し一揆に発展したとされる。

その後、武士支配体制が崩壊に近づくにつれて現われたのが都市の富商などを襲撃する打ちこわしである。一七〇〇人という大規模な打ちこわしの一七三二年（享保一八）の江戸におけるものを最初とし、一七八七年（天明七）には、大飢饉のため江戸、大坂、京都、伏見、奈良、駿府、広島、長崎、熊本、石巻など全国主要都市でおこった。江戸では、一九日間つづき米屋九八〇戸打ちこわし、五日間無政府状態で幕閣に動揺を与えたといわれる。天保年間（一八三〇―四三）には大坂の大塩平八郎の乱（一八三七）をはじめ全国の多くの都市でおこった。その主因はすべて米価高騰であった。

前述の村方騒動は、村役人の年貢、諸役の不正、土地の不正私得、用水、入会の不公平利用などをあばき、それを領主に訴え村政を改革しようとしたむら単位の運動（一揆）である。享保のころより増えはじめ、天明、天保と武士支配体制の終るまで激増しつづけた。そして、武士のむらは潰れたのである。

苦しい苦しいとはいいながら、それでもむらびとは新田開発で耕地を増やし、水あげ、脱穀、選別などの農具、まぐさから干鰯《ほしか》への肥料の改良などで米穀の生産を高めてきたではないか、子孫へといのちのリレーだってちゃんとやれ三〇〇〇万と人口も増えたではないか。

ムラ本来の社会的分業が、権力者に私物化されはじめた四世紀ころから、ほぼ一五〇〇年もの長きにわたり、従来の時代呼称で言えば大和（古墳）、奈良、平安、鎌倉、室町、江戸の時代をむらびとは生きることができてきたではないか。これは権力者による社会的分業の私物化餌食化の中でも人間は生きることができるという証拠ではないのか。むらびと、農民などというものはいつの時代でも貧しく生きるのは当然のこと、つべこべいうほうがおかしい。こう考えるひともいるかもしれない。

あえて問う、食うや食わず生きてどうして生きたといえるのか、人間が生きるということはどういうことなのか、どう理由をつけようが、一部の人間が栄耀栄華をきわめ、贅沢三昧に生き、それとくらべて、多くが困窮、死にかけで生きて、それでだれもが人間らしく生きたと言えるのだろうか。何故、一部の人間の栄耀栄華が許されていいのか、どんな時代でも、そんな人間がいていいはずはないのが人間の社会であろう。それにしても武士のむらづくりに根本的に欠落していたのは何か、蔑ろにしていたものは何か、それはそれまでの権力者と共通する集団、社会の必要とするしごとにみんなのはたらく力を振り分ける本来の社会的分業の道理である。すなわち、むらびとによるむらびとのための（むらびとの必要とするしごとに）むらびとのはたらく力の振り分けによってはじめて富が生産され、このことによってはたらく力を無くした人間の生きるよりどころも保障されるということになるわけである。

この道理にもとる武士にのみ都合のよいむらびとのはたらく力の振り分けではその集団、社会が亡ぶのは当然のことである。このことにより武士の天下が自滅というかたちで終わりをむかえるのは一九世紀の半ばすぎであった。

(7) 武士と商人

① 武士のための貨幣経済

武士のやったことで、右で述べた道理にもとるることの外にもう一つやってはならないことがあった。それは、近代までの農業中心の社会では、ムラの社会的分業においてであれ、権力者による人為のむらの社会的分業においてであれどちらにおいても、商人の活動を許してはならないことである。しかし、権力者の武士のどこまでもの欲望がそれを全面的に許してしまったのである。その結果、前述のごとく武士のむらが潰れ、武士は滅亡することになった。

元来、商業というものは、かつては天皇や貴族、そして、その後の武士と、いわゆる権力の座にいる者のどこまでもの贅沢のために便益品や贅沢品を調達することから始まる。権力者は自らの利便のためにそのことを商人に命じたのである。

ちなみに、『魏志』倭人伝には、国々に市があり、王による監督のもと交易させていたとの記載がある。また、藤原京、平安京には大王直営の市が置かれ大王任命の市籍人《いちせきにん》（専門の商人）が売買していた。

このように商人は権力者がムラびとから収奪した調庸や公事などの販売や様々な品物の交換などを主に権力者のために行っていたわけである。一三―一四世紀には、手工業の発達とともに定期市も開かれるようになった。一五世紀、一六世紀になると京都や奈良は権力者の消費都市となった。その後、大名たちは商人に特権を与えるかわりに多くの富を得た。戦略などにも大いに商人を利用した。織田信長の安土城下で行った楽市楽座は特に有名である。

武士による人為のむらづくりは、一六世紀末から一七世紀のはじめに一応、完成することになる。武士は、本来、生活必需品や便益品、つまり、衣食住にかかわる品物は、何一つ自らの手でつくることができない。そんな人間が栄耀栄華をきわめるには、できる限り多くの年貢米を収奪し、それを商品化し売り、できるだけ多くの貨幣にかえなければならない。一六世紀末までには、武士が生きるために必要な衣食住の品物のほとんどが商人の手によって商品化されていた。このことは、貨幣経済を大いに発達させ、武士はそのためどうしても貨幣がなくてはならなかったのである。

そこで、年貢米を売り貨幣を得るためにつくったのが蔵元（諸藩の蔵屋敷で年貢米をはじめ諸品の出納をつかさどる商人）や掛屋《かけや》（幕府、諸藩の年貢米販売代金など公金出納担当の商人）、そして、札差《ふださし》（旗本、御家人の封禄米を委託販売した商人）である。このことは、まさに、米の商品化であり、これが米以外の多くの品物のさらなる商品化を促し、世に貨幣経済を一段と普及させたのである。全国のむらも諸物の商品化、つまり、貨幣経済（銭づかい）の渦に巻き込まれていくのは当然のことであった。

いわゆる、金、銀、銭（銅）の三貨の貨幣経済が確立するのは一七世紀はじめの将軍徳川家康の時だといわれている。むらの中で銭がつかわれはじめるのは元禄（一六八八―一七〇三）のころのようである。（「政談」荻生徂徠の将軍、吉宗への意見書）、ちなみに、この三貨、金は上級武士のもの、銀は下級武士のもの、銭はむらびとなどの庶民のものと決められていたようで、むらびとは銭以外の貨幣は使えなかったわけである。また、江戸を中心に金本位の金づかい、上方は銀づかいだったのでわが国は東と西で貨幣経済はかなり面倒くさかったことがわかる。

むらびとは重い年貢の上に銭づかいの経済が浸透し銭は商人に吸いとられることが多くなり、銭の不足や物価の高騰などで生活はいよいよ苦しくなった。暮し向きが貧窮したのはむらびとだけでなく、武士に寄生し基本的にむらびとの米に支えられていた町人も同様であった。米価が高騰し耐えがたくなった町人たちは豪商、富商へ押しかけ打ちこわしたのである。

年貢米の商品化に伴う諸々の品物の商品化に無くてはならない貨幣経済は単に武士の権威を示す飾りなどのためのものではなく、まさに、武士が生きるために必要不可欠のものとしてつくり出されたものであることが分かる。皮肉なことだが、武士の欲望を満たすために、物資調達人として定めた商人にむらびとから取り上げた富の扱いを全面依存したために、武士は商人に自らの貨幣（富）を吸い取られつづけ、結局、商人の富にすがらなければ生きていけない存在になるのである。

② すべて商人頼みの武士

幕府財政の窮乏を示すのは、「折たく柴の記」（新井白石の回顧録、一七一六年）の「…去年（一七〇八）の幕府の支出、およそ金一四〇万両、この外に京都の内裏《だいり》の再建に、およそ金七、八〇万両要した。それで、いま幕府財政の不足は、およそ百七、八〇万両に余る。…しかるに、ただいま、お蔵にある金は、わずか三七万両にすぎない…」の記述である。

また大名の窮乏は、「…今の世の大名は、石高の多い者も少ない者も皆頭を下げて、町人に借金を頼み、江戸、京都、大坂その他の所の富商に頼って、その援助ばかりで世を渡っている。年貢収入はほとんど富商からの借金の返済にあて…」(「経済録」太宰春台、一七二九年)からよく見える。

さらに武士の窮乏も「一般に、武家は大家も小家も困窮し、とくに小禄の者は暮し向きがとても深刻で、ある者は先祖より伝わる武具や、先祖が命がけで戦った時の武器、その他、家にとって大切な品物をやむにやまれず売り払い、また、主君から拝領した品物をかまわず質入れ、あるいは売り物にしてしまい…」(「世事見聞録」武陽隠士、一八一六年)と深刻であった。

商人の本性はその始まりより変わることはない。安く買って高く売りできる限り多くの利ざやをかせぐことである。その実像は世の富の亡者であり、もうけのためには相手を選ぶことはないというものである。この本性によって、武士のみならず、しだいに、むらびとも等しく、なけなしの富を吸いとられていったのである。贅沢三昧の生活を貫きたい武士たちは、むらびとからいくらきびしく多額の税を取り立てても常にその財布は空っぽになった。

むらびとは武士の財布を満たすきびしい税の取り立てのたびに百姓一揆で抵抗した。しかし、それはことごとく潰された。多くのむらびとはうらみの中で餓死する外に道はなかった。すでに述べたように、こんなことが、記録に残されたのはごく一部で、ほとんどが消し去られ、そして、忘れ去られた。

かくして、大体六〇〇年つづいた武士による人為的社会的分業の私物化餌食化は享保年間には完全に行き詰まり、死に体のまま一四〇年足らずをすごし武士という権力者は自滅したのである。

それにしても、武士がつくったむらの上に、武士が君臨できたのは、二五〇年そこそこ、あっという間の出来事、道理なきはすぐ潰れるということを示している。これをもって、三，四世紀ころから一九世紀の半ばすぎまでつづいた権力者によるムラや人為のむらの社会的分業の私物化餌食化は、終わりを告げ、だれもが生きるためには、はたらく力の商品化による社会的分業へと向わざるを得なくなるのである。

2　ローマ後のヨーロッパ世界

(1)　新たな権力者ゲルマン人のむらづくり

ここからは、ローマ帝国滅亡後のヨーロッパ世界の新たな権力者による人為的社会的分業の私物化餌食化のすがたとその顛末の概略を述べることになる。

それは、欲深い人間が新たな権力者となり、むらとむらびとを私物化し人為のむらをつくりむらびとが産み出す富をしぼり上げ、結局その富は商人によって、またしぼり取られその権力者は自滅していくというストーリーである。

欲深い人間とは、ローマ帝国の衰退を敏感に感じとれる皇帝に近い立場にいた貴族や官僚や属州（植民地）の長官などの新たな権力者と呼ぶことのできる人間である。彼らがどのような欲深い行動をとったのかが問題となる。

彼らは滅びゆく皇帝と運命を共にする潔さはなかった。彼らにとっては、ローマ帝国の衰亡はあすの生きる糧を失うことになるわけで、じっと見すごすことのできないことであった。自らの子孫を将来にわたりどうやって食べさせていくか、これまでのように贅沢な生活を享受させつづけるにはどうすればいいか、彼らの頭はこのことだけでいっぱいであった。

奸智をしぼり生き残り策をねった。その中には、ムラびとの生きるよりどころの壊滅に瀕するムラの修復や再生のことはなかった。本来の社会的分業の大切さなどまったく考えの及ばぬところであった。

近代までは農業中心の社会である。富を唯一生み出すのは、ムラ、むらの農業である。富を独占するには土地とムラびとを囲いこみわがものとし、そこから富をまき上げればいい、新たな権力者のだれもがこの考えに行きつき一斉にこのことを始めた。まず、没落したムラびとと彼らの土地に目をつけそれらを兼併し、さらに、未墾の地や無主の地をも占有していった。

つまり、彼らは、未墾の地や無主の地を没落したムラびとや流民、戦争奴隷や買いとった奴隷などを使って開墾し、さらに戦争で分捕った土地を一方的な安値で買いとりそれらをすべて私物化し大土地所有者へと成長したのである。これが、ローマの大土地所有制、ラティフンディウムと呼ばれているものであり、大体、共和制がくずれはじめる前二世紀ごろから、イタリア本土はもちろん、まわりの属州にも拡大している。このことはムラの潰滅を示すわけで、ムラとムラびと全面依存のローマ帝国の崩壊はこの時代にはじまると考えて大きく誤まるものではなかろう。

ラティフンディウム下のむらは皇帝をはじめ小権力者たちが潰してしまったムラに代わる大土地所有者が富の収奪だけを狙った人為のむらである。したがってそこで、大土地所有者は没落したムラびとやただ同然の安い奴隷のはたらく力を使いコムギ、ぶどう酒、オリーブ油などを大量につくり自らの消費以外のすべてを商品として高値で販売し富を得た。これがむらびとに与えた打撃は大きくかろうじて生き残っていたムラびとの多くもこれによって無残にも没落を余儀なくされた。このことはローマ帝国の滅亡（四七六年）を早めさせた。さらに、その滅亡に追いうちをかけたのが、三七五年から始まり、大体二〇〇年つづいた大混乱、ローマ帝国領土内へのゲルマン民族の大移動であった。

ゲルマン人のそれぞれの部族集団は、ローマ帝国領土内にフランクをはじめ、東ゴート、西ゴート、ロンバルド、アングロサクソンなどの王国をつくった。王国と言っても部族の王のもと豪族を束ねた集団にすぎないものである。元来、農耕牧畜の民であったゲルマン人の部族長の王たちは、当時、ローマ帝国内でかなりの広がりを見せていた大土地所有制をすすんで採り入れ多くのむらとむらびとを私物化し自らが大土地所有者、つまり、領主として立つことを試みた。しかし、フランク族を除くほとんどの王国はその試みに失敗し滅んだ。

フランク族の多くの小部族長たちは、その大土地所有制を自らのものにし、さらに、ローマの国教であったキリスト教を採用した。これらを以て、多くのむらとむらびとを絶対的な力で支配する領主として臨むことに成功したのである。これが領主によるむらびと支配（富の収奪）のはじまりである。また、のちに、王侯騎士、教皇（教会）と呼ばれる支配階級のはじまりでもある。領主には数百のむらを私物化した諸侯から一、二のむらしか私物化しない騎士まで大きな差異があった。

大領主の国王と諸侯、諸侯と騎士、これら、それぞれは封土の保護と軍役忠誠の主従の関係で結ばれており、その結びつきは、わが国の場合とはいささか異なる契約的色彩の強いものといわれている。これを政治的に言えば、ヨーロッパ特有の封建制というものである。これはゲルマン人の従士制度とローマの恩貸地制の合体したものと考えられている。また、領主とむらびとの間も領主裁判権での保護と貢納賦役の主従の関係で結ばれており、これを経済的にみればヨーロッパ独特の荘園制といわれているものである。さらに教会とむらびとの間も心の保護と貢納賦役の関係で結ばれていたのである。

ところで、フランク族はこの成功によって、まとまりのある強固な王国となった。しかし、フランク王国は、ヨーロッパ全土を支配する中央集権国家への発展はできず、国土を三つに分けることになる。このことにより、のちのイタリア、ドイツ、フランスの基がつくられたのである。

さて、この時代、五世紀ごろから近代国家が誕生する一九世紀ごろまでの間は、ヨーロッパの各地にいくつもの王国がつくられた。それらはほとんど政治的な統一のあるものではなく、大土地所有者、すなわち、領主による新たな富の収奪のかたちである人為的むらが寄せ集められた単なる地域的共同体にすぎぬものであった。

ここまで述べた富の収奪のかたちが荘園であり、まさに、これが大土地所有者で領主である新たな権力者による人為のむらづくりである。荘園はヨーロッパがはたらく力の商品化による社会的分業に変革されるまで存在しつづけた。

そもそも、荘園とは、すでに述べたように、前二世紀の半ば、共和制の終り、ローマの貴族、官僚、属州の総督など貪欲な人間が富の独占をめざしムラを集めてつくり始めた富の収奪、つまり、吸い上げのシステムでゲルマン人が引き継いだものということになる。本来、農耕牧畜民ながら荘園づくりについてはずぶの素人のゲルマン人がその経営者になったわけである。次に見るが、ヨーロッパの荘園とわが国のそれがきわめてよく似たかたちとなったのは、わが国の荘園の経営者が素人の貴族や寺社であり、素人という点ではゲルマン人と共通していたからかもしれない。

ムラはムラびとの知恵と経験と協力による社会的分業が欠かせない。すなわち、ムラの必要とするしごとにムラびとのはたらく力を振り当てなければだれも生きていけず、富など生産できないことは太古からの教訓である。これに反する荘園をつくった彼らはこのことを何も学んでいなかったといえるのである。ちなみに、現代に生きるわれわれはこの教訓をどれだけ学んでいるだろうか。たいへん疑問であるというよりも、教えられてきていない以上、まったく知らないのではなかろうか。

この社会的分業というものはすでに述べたことだが数千年以上、万人の生存のよりどころであった。しかし、権力者の出現によって、それは食い物にされ潰されていったのである。いささか話は飛ぶが、近代に共産主義や社会主義の国家がつくられた。しかし、人間が生きるために欠かせないはたらく力の社会的振り分けである社会的分業をどうやればいいかがわからず崩壊の道を選ばざるを得なかった。これは当然の成り行きである。ひとにぎりの人間の知恵や算数や数学をどんなに駆使してもはたらく力の社会的振り分けだけはできる相談ではないのである。これから先も人類が生きていくには先人の社会的分業の歴史と道理に学ぶ外に方法はないのである。

(2) 古典荘園のむら

ここからはローマ後のヨーロッパの新たな権力者による人為のむらづくりである荘園、すなわち、新たな権力者による人為的社会的分業の私物化餌食化のすがた、かたちと歩みについての概略を述べることにする。

前述のごとくヨーロッパの荘園はドイツ語でグルントヘルシャフトと呼ばれ、イギリスではマナーと呼ばれている。元来一義的に意味づけするのはむつかしいといわれてきた。しかし、あえて定義するとすれば、前にも触れたがローマで発達した大土地所有制とゲルマン民族固有の村落共同体、そして、キリスト教の三つを融合させつくり上げたムラに代わる人為のむら、すなわち、新たな権力者のための富の収奪機関で封建制を支えたものである。その成立の時期はドイツ、フランスを中心とするヨーロッパの主要部分では大体フランク王国の有名なカール大帝のカロリング王朝の八世紀ごろといわれている。

荘園は一般に古典荘園と地代荘園に分けられている。ここでもこの分類に沿うかたちで話をすすめることにする。

古典荘園はフランスでは一〇世紀まで、ドイツでは一二世紀ごろまでつづいたとされている。この荘園は領主直営地と農民（むらびと）の保有地と協同放牧地や牧草地などの共同地からなっていた。

ここでの農民は奴隷を使い耕作する富農的農民であった。日本でいえば荘官である下司のような一種の地方豪族的農民と考えられる。その保有地は一戸で大体一〇から一五ヘクタール（約一〇町～一五町）か、さもなければその半分ぐらいともいわれている。領主直営地は領主の屋敷と直営農場からなり、荘園の面積は二三〇ヘクタール（約二三〇町）ほどあった。以上のことは教科書に荘園の概念図として掲載されているのでだれも一度は目にしているはずである。

ほとんどがムギ畑、ぶどう園、採草地である。農民の保有地は賃借りであった。その地代は穀物、ぶどう酒、家畜、貨幣などと週三日の領主直営農場での賦役であった。週三日の賦役とは何と酷いことと思われるが、しかし、これは私有する奴隷を当てていたので賃借り農民の負担は耐えられないほどのものではなかったようである。

領主はフランク王国のカロリング王朝の九世紀には不輸・不入権、すなわち、国王の課税権、裁判権、行政権をこばむ特権を手にしていたようである。そして、農民の保有地の相続、売買や犯罪などについて裁いた。一方、この特権を以て、耕作強制などを行ったが、どちらかといえば、領主は農民、すなわち、富農的農民の支配者というよりも保護者的立場に立つ人間であったとされている。しかし、新たな権力者による人為的社会的分業の私物化餌食化の時代において支配者である領主が自らの利益よりも農民優先の立場に立ったとは到底考えられない。

いま述べた耕作強制とは何か、その目的は奈辺にあったのかということになる。それは古典荘園の富の減収傾向をくいとめ増収へ転じさせるための荘園の構造を変えることにあったといえよう。すなわち、一方ではコロヌスと呼ばれた富農的農民、ある意味では自由民ともいえる彼らを半自由民化することにあった。他方では富農的農民に抱えられ使役されていた不自由な奴隷たちを半自由民化することであった。すなわち、半自由民を増やすことこれがその構造改革であった。

ここでいう半自由民とは、土地にしばられひたすら農業に従事させられたという意味で農奴《のうど》とも呼ばれているものである。これによって農民の自立性が高まり確かに農業の生産性は向上し領主はより多くの富を独占することができたのである。

この半自由民が主役となるのが地代荘園である。

(3) むらの農法について

地代荘園について述べる前にヨーロッパの荘園で行われた農業の一般的特色をみておくことにする。

そこで行われていたのは、オリエントを発祥の地とするコムギ栽培が中心の休閑農業である。ムギ、アワ、キビなど冬雨を利用した畑作中心の中国や、水田と畑作混合といえるわが国の農業のような中耕農業とは大きく異なるものである。

ヨーロッパの農業は、二圃式農法、三圃式農法と呼ばれるものである。二圃式農法はムラが形づくられてくるのと平行して長い間に育まれてきたものである。これらはいずれも開放耕地制がベースとなって発達してきた。

開放耕地制とはイングランド南部や中部、フランス北部やドイツ東北部、スカンディナビア低地地方でみられたものである。むらびとの保有地が集まって共同耕地になっており、そこには人も家畜も自由に立ち入りができた。このようなところから開放の名がつけられたものと考えられる。

ところで、むらびとの耕地は一か所にまとまっておらず、共同耕地のいたるところに地条（すじ条の土地）として複雑に混在していた。地条と地条の間には、まがき、柵などの境界がなく細長い帯状の地条が規則的に並び、大体、長方形耕地を形づくっていた。（教科書に掲さいの荘園の概念図参照）

南フランスやイタリアでは平地が乏しく、これらとは異なったパズル状の不規則な耕地であった。

二圃式農法のルーツはいまもいったが西南アジア、オリエントである。これは、比較的降雨のある冬雨地帯の農業として始まったものであり、秋播きのコムギやライムギなどの冬穀をむらの全開放耕地を二分した一半に作付けし、他を休作（耕）として、それを交互にくり返す方法である。灌漑づくりなどで春播きのオオムギやエンバクなどの夏穀が冬穀にかわり作付けされたかどうかは不明のようである。

とにかく、全体の耕地の半分で農業をし、他を休ませ、地力を回復させる方法である。軽い無輪のすきで除草を兼ね浅く耕すのを特色とし、冬雨地帯の地中海地方でつづけられた農法である。

三圃式農法は、近代的輪作農法、すなわち、コムギ→カブ→オオムギ→クローバーの栽培が導入されるまでの数百年間、開放耕地制と結びつき実施されたもので、領主が富の増収をねらった荘園農業の代表的なものである。

むらの共同耕地全体をほぼ同じ大きさの三つの耕圃に分けその一つに、春播きオオムギやエンバクなどの夏穀を栽培し、ところによっては、エンドウ、インゲンマメ、キャベツなどの野菜が加わる。他の一つには、秋播きコムギやライムギなどの冬穀を当て、残りの一つは、休耕して、そこに家畜を放牧し土地を肥やした。この順を一年ごとにずらし、三年で一巡させる輪作方法がとられた。

このやり方は、地域によって差があるが、肥沃で平野の多いライン川からフランス中部を西に流れるロアール川間の農業先進地では八世紀ごろ（荘園の完成期）から実施されていたようである。一般に普及するのは一一世紀から一三世紀にかけてといわれている。

この農法は二圃式農法にくらべて生産性は高く、これによるむらつくりによって領主の収入は増大したことになる。それは、第一に、休耕地が二圃式農法にくらべ二分の一から三分の一に減り、耕地面積の六分の一が利用増となったこと、第二に、一年の異なる時期に異なる作物を二度収穫できたこと、そして第三に、春播き作物として、エンバクを栽培することで、馬の飼料が確保できたこと、これらが考えられる。

ここで、われわれは次のことがらに注目しなければならない。

それは、一見進歩にみえるこの農法だが、しかし、このことは、かつてのムラで行われていた社会的分業による農業に近づけるものでもその再生に役立てるものでもなかったことである。

基本的にこの開放耕地制にもとづく三圃式農法は栽培穀物の交替、播種、収穫時期などの作業全般にわたる同一方法と一定の規律に従うことをむらびとすべてに強制するものであり、むらびとの自主性や創意工夫などの入る余地のないものであった。その上、領主側のあくなき富の追求はとどまるところを知らず、それが労働強化となって加わりむらびとは抜け出すことのできない地獄のような境遇に苦しみつづけることになった。

さらに、むらびとは三大義務を強制された。その一つは、城塞などの建設修理、その二が、河川、橋梁などの建設修理、その三が現物貢租である。兵役については長く兵農一致がつづいたが、近代への幕開けが近づく一四世紀ごろから給与を与える傭兵制、すなわち、常備軍へと移行していった。しかし、これでむらびとと兵役が絶縁したわけではない。いずれむらびとのだれかが兵士として出征しなければならなかったわけだからその状況に大きな変わりはなかった。

(4)　地代荘園のむら

さて、ここからは地代荘園についてである。

これは、フランスでは一一世紀から一八世紀まで広くありつづけた。地代は、穀物、ぶどう酒、家畜、貨幣などの生産物地代が中心であった。富農的農民の賦役《ふえき》で耕す領主の直営農場は消滅した。その消滅したのは、耕地二—三ヘクタール（二、三町）に分割しむらびとに貸与したためである。その分小家族で、つまり、家族のはたらく力で農業を行う荘園農民の数が増えたことになる。この農民がすでに述べた半自由民、農奴ということになる。

地代は高率に決められる傾向が強く、大体、生産物の三〇％以上を支払った。このように地代荘園時代のむらびとは典型的な小農民であった。その数が増えたことは既述したが、くり返しておくと、古典荘園時代の富農的農民、すなわち、自由な小土地保有者、コロヌス的農民が地位をおし下げられ小農民となり、一方では奴隷の身分から小農民への上昇がはかられるという経済政策によって小農民の数の増加が徹底された結果である。わが国の太閤検地による本百姓増加策もこれによく似る。

この小農民すなわち、農奴は人格を認められ、財産権、結婚権などが認められ、一定の農業経営の自由が許されていたとはいえ、土地へのしばりつけは強く、移転の自由などなかったわけで逆に領主への隷属性は強められたとさえいわれている。領主は古典荘園時代と同様にむらびとに対して民事、刑事両面の裁判権、行政権を使って地代の増徴その他を強行した。この事実が何よりの証拠であろう。

一一世紀から一二世紀にかけての時期は、ヨーロッパ世界が大きく変動していく前奏の世紀であった。セルジュークトルコの西進の脅威、ローマ法王と国王の争いで法王や教会の勢力の衰え、十字軍の開始による商業の発達、国王の力がのびる時代であった、このような中、領主たちは、富の不足に直面し、どんどん高い地代を荘園のむらびとに押しつけつづけた。

これが、いわゆる恣意地代（恣意タイユ）である。また、一二世紀ごろからむらびとの生産高や収入などに関係なく徴収する人頭税（額は少額といわれている）で富の増徴をこころみたりしている。これらに対してむらびとも黙ってはいなかった。領主にはげしく抵抗し、一三世紀には地代の増率化は廃止された。

一四世紀、ジャンヌ＝ダルクが登場する英仏間の百年戦争（一三三八―一四五三）による戦費をまかなうための地代増徴にフランス北東部の農民の大反乱、ジャックリーの乱（一三五八）が起った。ジャックリーとは隷農、すなわち、小農民のむらびとを卑しめた呼び名である。これを契機に権力者の富の源泉の荘園は分解の方向にむかった。逆にむらびとの地位は次第に改善されていった。

十字軍による都市と商業の発達によって荘園領主は、それまで以上に商工業者のもたらす贅沢品、嗜好品などを享受できたが、しかし、その分、商工業者による富の収奪を余儀なくされた。このことは領主のふところ（財政）を行き詰らせ、結局は荘園崩壊の要因となった。領主自らの栄耀栄華のために営業を許し保護した商工業者に皮肉にも富をすっかり吸いとられるかっこうとなったわけである。商人の貪欲なもうけ第一主義は荘園を支えるむらびとと農民からも富を吸いとった。とくに中小の農民は一番先に貧窮化し、中には没落に至るものも多く、この面からも荘園の経営を行き詰まらせてしまったのである。

それでも一八世紀には中農以上の農民の中には零落したむらびとの土地や荒廃地などを集め自作農民となるものも出た。また他の農民の農地を借り受け、大借地農民となるものも現われ、彼らの中から農業資本家に成長するものもいた。これらの自作農民も大借地農民もローマ帝国滅亡後のいかなる権力者とも同じく本来のだれもが生きることのできた社会的分業のムラの再生、再興をめざすことはなかった。彼らは別の道を選択したのである。

(5) はたらく力の商品化へ

彼ら農民は、一七八九年のフランス革命にすすんで参加した。このようなむらびとが新たな権力者による人為的社会的分業の私物化餌食化の推進者であった国王、諸侯、騎士、教会、修道院などの封建領主を追放し荘園を解体した。このことにより多くのむらびとは土地とさまざまな束縛から自らを解放し自由なむらびとになることに成功した。しかし、自由を手にしただけでは食べていけない。どうしたか。

自由なむらびとの大多数は、到来するはたらく力の商品化による社会的分業の中でそれを支えるはたらき手となり、また、ある者は、はたらき手を雇う企業家となった。

ドイツでは地代荘園は一三世紀から一九世紀までつづいた。そのしくみも歩みも、フランスの場合と共通している。ただ、富農的農民、つまり、奴隷を使用する農民を中核とする荘園が北部や南東部で長くつづいた。そのため一六世紀のドイツ農民戦争で領主の支配は再び強化されいわゆる荘園の分解はフランスより約一〇〇年おくれることになった。

イギリスでは、一三世紀ごろから貨幣地代を中心とする半自由農民、奴隷による荘園となった。一三八一年、人頭税に反対してワット＝タイラーの乱が起き農奴制は廃止された。荘園の分解である。一五世紀からは、農奴は富裕な独立自営の農民、ヨーマンとなった。

一六世紀にはヨーマンは企業家（農業や毛織物）と雇われてはたらくはたらき手に分解しはたらく力の商品化による社会的分業が本格化へ向う産業革命期にはヨーマンは完全に消滅した。権力者の唯一の富の源泉であった荘園が崩壊した以上、領主である王侯騎士は生き残ることはできず、荘園依存の教会の勢力も衰えざるを得なかった。

このようなかたちと歩みで世界のどこよりも早くはたらく力の商品化による社会的分業が生まれたのはイギリスであった。

3　アケメネス朝後のオリエント

(1)　アレクサンダーのどん欲

ここで述べることは、オリエント（西南アジア）における新たな権力者による人為的社会的分業の私物化餌食化のかたちとその近代までの歴史である。

そのかたちの特色はマケドニア人、ギリシア人、ローマ人、アラブ人、トルコ人、モンゴル人などの、実にさまざまな民族の権力者によって、オリエントの人為的社会的分業の私物化餌食化が全統一的な中央集権のかたちでなく、狭い範囲の地域に分割され地方分権的に行われたことであった。

これら新たな権力者のむらづくりはあくまでも王や君主自身のための富づくりとその収奪に都合のよいものであり、いわゆる人為的社会的分業というものであった。この地の新たな権力者による人為的社会的分業の私物化餌食化、すなわち、むらびとのはたらく力の振り分けのかたちもいまも述べたまことにさまざまな民族の権力者によって行われた点をのぞけば、本書でとり上げているローマ帝国後のヨーロッパ世界や秦漢帝国後の中国、そして、わが律令制中央集権国家後の新たな権力者によるものと比べてオリエントという地域性からくる若干のちがいは残すが、その中身は何も変わるところはない。

さて、いまも述べた通り、オリエントの地ではアケメネス朝ペルシア後は全統一の中央集権の王朝は現われず、実にさまざまな民族や人種が入れかわり立ちかわり地方分権的な王朝、帝国を建てたわけで、これにはいくつか理由が考えられる。ここでは二つにしぼり触れておくことにする。

その一つは、地球上のいずこの新たな権力者による人為的社会的分業の私物化餌食化とも共通するむらびとのはたらく力の振り分けによる本来の社会的分業の再生のこころみがまったくなかったことを主因とするものである。これについては後述する。

その二つはオリエントの地は農耕文化の発祥地で古くからの豊かな一大穀倉地帯であったことがあげられる。

この地は、アフリカに生まれたとされる太古の人類が地球の東西南北に渡っていった人類の古道であった。ここにはじまる小麦などの農耕文化が地中海へと広まっていった道でもあり、それに沿うかたちに豊かな三日月地帯（ファータイル・クレセント）が広がっている。また、オリエントの地は古くからのアジアとヨーロッパをつなぐ物流の地であった。絹の道が開け、東西の商人たちが行き来した。そのため、古来より莫大な富の集合地でもあった。

このような自然的、経済的な豊かさが、さまざまな民族の欲の深いリーダーにとって垂涎の的となったのはまちがいあるまい。このオリエントをめぐり侵略、争奪がくり返され、地方分権的な王朝、帝国の興亡がくり返されたのもその豊かさのためと考えられる。

アケメネス朝ペルシアを滅ぼしたのは、既にⅢの3で述べたマケドニアのアレクサンダー（前三五六―前三二三）である。彼はマケドニア軍、ギリシア同盟軍、傭兵をあわせ歩兵三万、騎兵五〇〇〇、そして、一六〇隻の軍船を率い、東はインダス川から西はバルカン半島まで一気に攻め落し、空前の大帝国を築いた武将として有名である。

彼は、ギリシアの哲学者アリストテレス（前三八四―前三二二）から教育を受け、父からは英才教育を受けている。学問好き、読書好き、その上勇敢な青年に育てられたといわれている。

彼は、自身の知識、頭脳、勇気などのゆえに、アケメネス朝ペルシアのような大帝国を一挙に攻め滅ぼすことができたのであろうか。もしもそうでないとするならば、果たしてその征服力の秘密は何かということになろう。

彼の遠征の動機は、ペルシアがギリシア征服のためにおこした戦争、ペルシア戦争に対する復讐戦だといわれている。ところで彼の勝因については、その戦術や軍事力の優秀さをあげることが一般的であり、だれもがそう信じているようである。

もちろん、このことを否定するつもりはないが、しかし、そんな表向きの話で片付けていいのか、一歩踏み込んで考えてみる必要はないのか。その根っ子にあったものは、彼の人一倍の、むしろ、異常といえるほどの富と権力への欲の深さであり、すなわち、本当は富と権力の亡者であったのではなかったのかというところにつき当たる。もちろん、このことを、はっきり示すものなど持ち合わせてはいない。

しかし、その異常なほどの欲望の持ち主であったことを推測させる話ならある。

アケメネス朝ペルシアの首都、スーサを占領し、莫大な財貨を手にした時のよろこびは、まことに格別だったといわれているのがその一つ。また、前三二七年、二九歳の時、遠征途上の中央アジアのバクトリア（ギリシア人の国）で、そこの豪族の娘と結婚し、多大な財力支援を得ていること、さらに、前三二四年には、アケメネス朝ペルシアの最後の王ダリウス三世（一一代）の娘と結婚し、強力な経済的うしろ盾を手にしていることも見落とせない。

加えて、アレクサンダーは、ペルシア遠征の途上で、最初にエジプトに自らの名を冠した都市をつくり、その後の東征中に七〇以上にのぼる都市を建設し、ギリシアやマケドニア人を住まわせたことは、だれもがやらない新手である。その目的は、都市の商人の稼ぐ富を収奪することにあったのだからそのどん欲は比類なきものといえよう。

これらのことはそのほんの一例であるが、彼が権力の糧となる富の収奪にいかに執着したかを知る手がかりとなるのではなかろうか。

さて次に考えておきたいことは、彼の行った東方遠征を何か崇高な目的のためと考えるひとのいることである。彼は三三の若さで急死した。もしも長く生きていたとしても、アケメネス朝ペルシアの圧政、すなわち、権力者による社会的分業の私物化餌食化によって、崩壊を余儀なくされた全域のむらの再生復興にどれだけ力を注いだであろうか。間違いなくそんなことには目もくれずさらなる圧政を加えつづけたことであろう。やっと生きのびているむらびとの膏血を絞りつづけたことは疑う余地はない。

彼の征服という行為はギリシア文化とオリエント文化とを融合させヘレニズムの形成に大いに貢献したなどの歴史的評価をうけ、一方では希代の英雄としてもてはやされて今日に至っている。

このような人物評、人物至上主義や文化文明観は、本当の歴史を見えなくしつづけているように思われる。

このようにアレクサンダーにかなりの紙幅をさいたのは、歴史の偶然とはいえ、彼がアケメネス朝ペルシアによるオリエントの全統一支配とその後に興亡をくり返した地方分権国家のちょうど分岐点に立つ人物であったからである。

(2) 地方分権によるむら支配

アレクサンダーの死後、すぐその全統一は崩れた。そして、部下たちによる権力分捕りの争いが起きた。領土は三分割され、それぞれが地方分権的王朝を建て、分立した。これは、中国、後漢の後の魏、呉、蜀（漢）の三国の争覇に似る。

バルカン半島の一部から、アフリカ北岸、エジプト、そして、インダス川に至る西南アジアのほぼ全域中でも最も肥沃で富の豊かな三日月地帯を手に入れ、シリア王国をつくり、王朝を開いたのがセレウコスである。

この後継争いに敗れたアンティゴノスはバルカン半島南部にマケドニア王国をつくった。また、プトレマイオスはイスラエル、エジプト、リビアの地にエジプト王国をつくり王朝を開いた。これらシリア、エジプトの二王朝はいずれの国のむらびとにとっても、よそ者、マケドニア人の王朝であったので、スムーズなむら支配はむずかしかった。

セレウコス朝は、すでに述べたように、小アジア（現、トルコ）からインダス川にせまる広大な領土を支配した。しかし、中央集権化はできず、土豪たちにむら支配と富の収取を任せ、都市商人からは、交易による莫大な富を手に入れた。

比較的狭い領土のマケドニアを支配したアンティゴノス朝は君主崇拝をとらず、伝統的な家父長王権で支配した。エジプトのプトレマイオス朝はマケドニア人、ギリシア人が官僚や傭兵として徴税や軍事を担当する完全な外来者支配による中央集権政治をつづけた。また、中央アジアでは、バクトリア（ギリシア人）王国が、イラン北部では、パルティア（イラン人）王国が勢力をふるった。

近代までは、富と言えば地球上のいずこでも同様で、ここ西南アジアの地でも、農業生産物であった。そのため、富の安定的生産には、むらの健在が不可欠である。その健在とは何かといえば、むらびとのむらびとによるむらびとのための本来の社会的分業が権力者の恣意的な行動、わがままに左右されることなく円滑に営まれることである。

このことを無視し援助の手ひとつさしのべないで、いかに立派な官僚組織をつくり力に物をいわせて血税をしぼりとろうとも、広大な領土を支配する王朝をごく短い期間なら別だが、長期にわたり存続させることはできないのが近代までの権力支配の鉄則である。もともと、本来の社会的分業不在の新たな権力者による人為的社会的分業の私物化餌食化というものは、むらびとの富の生産の大幅な減少がさけられず、中央集権の大きい国家、王朝を築きそして維持していくことは理論的にも、現実的にも不可能なことなのである。

このことが冒頭で述べた「その一」の主因に直接係わることがらとなる。アケメネス朝ペルシア後の地方分権王朝の人為的社会的分業の私物化餌食化のかたちというものは大体、いま述べた大土地所有者の豪族にむらごとの課税徴収を委せるものとか、サトラップ制を踏襲するものがほとんどで目新しいものはなかったようである。そのため、権力者による社会的分業の私物化餌食化を至上とする権力者の富の収奪の範囲は狭小化しその額は激減せざるを得ず、どんなに頑張ってみても地方分権的小規模王朝以外の選択はできなくなるのである。アレクサンダー後のオリエントは、まさにその幕明けであった。

その後は、広大なオリエントのほとんどの地域がローマ（共和制）に征服され属州にされていくことになる。

前一四六年、マケドニア、ギリシアがその属州となり、シリアは前六四年に、さらに、前三〇年にはエジプトが属州となった。パルティア王国（前二四八―後二二六）のみが、ローマ軍と戦いつづけた。しかし、このパルティア王国ものちにその南部に興ったササン朝ペルシアに滅ぼされてしまった。

属州とされたこれらの地域の略奪品はことごとくローマに送られた。また、ローマのむらと同じように富は収奪され、兵役、労役を課されて、それまで何とか行われていたむらの社会的分業は目に見えるかたちでできなくなった。その結果、没落農民が増加し、つぎつぎと流民化した。彼らが放棄した農地は騎士や属州の長官などが貪欲に併合し支配した。これが既述のローマの大土地所有制（ラティフンディウム）である。

これを契機にローマ社会は必然的に構造的貧窮農民で溢れることになる。オリエントの地においてもすでに、アケメネス朝ペルシアの成立の犠牲でかなりのむらは荒廃、崩壊を余儀なくされていた上にローマの属州にされてさらなるダメージを受けたわけで、多くのむらびとの暮しが立ち行かなくなったのは当然のことといえる。

地中海世界、アフリカ北部、イベリア半島、ガリア、イギリス、バルカン、エジプトからオリエントにまたがる大帝国を築いたローマだが、本来の社会的分業不在の権力者による社会的分業の私物化餌食化による支配を属州に至るまで徹底強行したため多くのむらは潰れた。むらなくして帝国なしで、四七六年西ローマ帝国は自滅したのである。

(3)　宗教によるむらの私物化

その後、約一〇〇〇年生き残った東ローマ帝国と戦いつづけたパルティア王国に代って、オリエントの支配者となったのは前述のペルシア（イラン）人のササン朝ペルシア（二二六―六四二）である。この王朝は、最も豊かな地のメソポタミアのクテシフォンを都にし、再び「諸王の王」として君臨したがオリエント全統一はできなかった。初代、諸王の王はアケメネス朝ペルシア式の属州制を採り、その長に、王族や大小貴族を配し一応中央集権体制をとった。

ササン朝ペルシアを倒し、二〇〇年余、全オリエントを支配したのはアラブ民族のイスラム王朝であった。

イスラム教の創始者でイスラム王朝の基礎をつくったのはムハンマド（マホメット、五七〇―六三二）である。彼は生前中にアラビアの大部分を征服している。

つづく、正統カリフ（教主、後継者）の四代が支配した時代（六三二―六六一）は、アラビア半島全域、エジプト、メソポタミア、イランを征服し支配した。その後、アラブ人のウマイヤ朝のアラブ帝国（六六一―七五〇）の支配がつづき、その後、ペルシア出身のアッパース朝（七五〇―一二五八）のイスラム帝国の支配となる。この両帝国の時、三〇年ほど支配地を東はインド、中央アジアに接するまで、西はアフリカ北部地方、イベリア半島の大部分まで拡大させている。

このような破竹の勢いの領土拡大劇を可能にさせたのは一方の手にイスラム教、もう一方には武器を持ち激しい侵略をつづけたからである。侵略のためには、強い軍隊が要る。そのために軍人優先の政策がとられた。軍人には軍役を課すかわりに十分な俸給を与えた。俸給の原資は富である。富はむらびとが納めるか、さもなければどこかから略奪でもしなければ手に入らない。

そのためオリエントのむらむらは地球上のいずこのむらとも同じく貧しくなっていった。入れかわり立ちかわる王朝による収奪がつづき、本来の社会的分業には再び帰ることのできない状態であったからだ。したがって後述するようにイスラム帝国にもむらびとからの富の収奪が思いにまかせず衰えと分裂の危機がせまることになる。

軍人優先のイスラム王朝では、一〇世紀の半ばから、集落や土地、すなわち、むらが丸ごと分与地（イクター）として軍人に与える軍事イクター制で軍隊を強くし、この力で権力者の富の収奪と権力の維持がはかられた。この制は、イラクのブワイフ朝にはじまり、セルジューク朝、アイユーブ朝、マムルーク朝、そしてオスマン帝国へと受け継がれた。いずれも地方分権王朝であるが、軍人は徴税だけでなく、むらをかなり勝手気ままに支配し、むらびとにダメージを与えつづけた。しかし、軍人を土着の権力者にしなかった点がイスラム世界の一つの特徴であった。

このオリエントの地は、わが国やヨーロッパとちがって、荘園制に基づく封建制が存在しなかったが、当然、地球上のいずことも共通する権力者による富の増収策の豪族からのむらびとへの土地の分与や次に述べる灌漑、運河づくりなどは行われた。このイクター制もそれらの中の一つであるが、イスラム王朝の権力者による人為的社会的分業の私物化餌食化のかたちのユニークなものといえる。

ところで、今日なおも宗教や信仰についてはさまざまな勝手な解釈と主張がなされつづけている。元来、宗教や信仰というものは世の真理や正義に対する目をつぶらせ、それらに近づこうとする一切の心を麻痺させ、ひたすら祈らせるものである、といえば、いやそれは違うと言う人がいるかもしれない。

イスラム教こそが人類最後で唯一の教え、これまでの宗教の集大成されたものといわれれば夢中になり救いを求めるのは無理からぬことである。西南アジアを越え多くのむらびとはイスラム教の信者にされ、今日においては西南アジアを中心として、イスラム教が暴走しどうにも手が付けられなくなっている。これこそが宗教というものの正体であろう。

アラブ民族による王朝やイスラム教を奉じる王朝の交代のほとんどは、イスラム教内部の権力と富をめぐる対立によって引き起こされたものである。ムハンマド没後の四カリフを正統と認める多数派がスンニ派、第四代カリフのアリーとその子孫が正統とする少数派がシーア派と呼ばれた。これらの名称は、今日、イスラム教国家の政治対立、内紛などのニュースでは必ずといっていいほどとり上げられている。

アラブ民族のイスラム王朝、すなわち、正統カリフを倒し成立したウマイヤ朝のアラブ帝国の全オリエント支配は、ササン朝ペルシアを滅亡させた六五一年からアッパース朝のイスラム帝国に滅ぼされる七五〇年までだから、ほぼ一〇〇年である。

ところでアラブ民族のイスラム教王朝の支配の原資は被征服民からの地租と人頭税で成り立っていた。住民はイスラム教に改宗すれば、豪族の所有する土地が与えられ自作できるという懐柔策で信者にされ、税の直接の負担者となった。

農業が富の主な源泉なのでアラブ帝国のウマイヤ朝は肥沃な地、ダマスカスに首都を置いた。イスラム帝国のアッバース朝も農業の盛んなバクダッドを都とした。

権力者の栄耀栄華と権力の維持には莫大な富が欠かせない。イスラム教に基づく宗教王朝のアラブ帝国もイスラム帝国も俗王朝のいずれとも同じくできるだけ多くの富を得るためオリエントの中央集権的全統一の支配を長くしようと努めた。そのため被征服民からの上納地租、人頭税、そして兵役はきわめてきびしいものであった。

多くの富の収奪のため、王朝は農業の振興をはかる灌漑や運河の整備なども実施したが、しかし、それらはむらに本来の社会的分業を取りもどさせるためのものなどではなく、より多くの富を手にすることなどできなかった。

宗教王朝なら慎みある言動とコーランの「五行」や禁欲主義を守り、霞と雲を食べるかたちで、世の正義の実現、すなわち、社会的分業の修復、再生にひたすら励んだのかと思いきや、地球上の他の権力者による人為的社会的分業の私物化餌食化とすこしも変わらぬ、いやそれ以上に残忍かつ苛酷なものであった。

ちなみに、五行とは五柱ともいい、信仰の告白（アッラーの外に神はない、ムハンマドはその使徒であるを唱えること）、礼拝（一日五回）、断食（九月）、喜捨（宗教税、救貧税）、メッカ巡礼（十二月）、これら五つの義務のことである。

異民族の支配、征服地の支配というものは概して、富の収奪さえすればよいものとなる。あとに草一本残さない、あとは野となれ山となれ式の、なんとも残忍なものになりがちである。

オリエント（西南アジア）のむらびとは、うまい具合にイスラム教の信者にされ、後世にまで、宗派対立などの解決困難な問題を背負わされ、その上、むらごとのどこまでもの富の収奪によって貧困から脱することができない状態にさらされつづけたのである。二一世紀の今日のオリエントの混迷も実はここに深くかかわることをおさえておかねばならない。

イスラム帝国はむらの衰退と富の激減、これによって引き起こされた宗派対立、すなわち、権力と富の争奪などによってイランやトルコ系のイスラム諸王朝に分割され力をなくし短い間に形がい化するのである。かくして、九世紀の半ば過ぎを境として、オリエントの世界でも小国家分立的で地方分権的という新たな権力者による人為的社会的分業の私物化餌食化のかたちが本格化することになった。

(4) イスラム帝国の分裂と被植民地化

イベリア半島にアラブ人の後ウマイヤ朝（七五六―一〇三一）、北アフリカに四代カリフ、アリ―の子の曽孫のイドリース朝（七八九―九二六）、イランの地にイラン人のサーマン朝（八七四―九九九）が、エジプトとアフリカ北部にアラブ人のファーティマ朝（九〇九―一一七一）が興った。また、メソポタミアではイラン人のブワイフ朝（九三二―一〇五五）が興りその地のアッバース朝のイスラム帝国は有名無実化し細々と命脈を保つにすぎなくなった。このようにイスラム帝国はわずか一〇年足らずでいくつもの王朝に分裂することになったのである。

一一世紀半ばからは、トルコ族のセルジューク朝がオリエントの大半を支配し、中央アジアでは、同じくトルコ族のカラハン朝が支配した。一三世紀にはオリエントの大部分をイルハン国（モンゴル四汗国の一つ）をはじめ、モンゴル人が支配する多くの王朝の分立支配するところとなった。一四世紀の半ば過ぎからは、チムール（モンゴル人）がメソポタミアから中央アジアに及ぶ広大な地域を支配し、イラン的イスラム教文化を中央アジアに広めている。一六世紀に至り東のサファヴィー朝（イラン人、シーア派）と西のオスマン帝国（一二九九―一九二二、トルコ族、スンニ派）で西南アジアの地を二分した。

サファヴィー朝（一五〇二―一七二二）は、イスファハンを都とし、トルコ族の王朝を倒し、イランの近世国民国家となった。内政の欠陥で衰え、アフガン朝に服従した。

オスマン帝国は首都をイスタンブールに置いた。一四五三年、東ローマ帝国を滅ぼし、一六世紀末までに、イラクからアルジェリアまでを征服したが、ロシアの南下、イギリスの東進、異民族の反乱などで衰退する。第一次世界大戦で、ドイツ側に参戦し大敗、イギリス、フランスなどの列強に半植民地化されたが、一九二三年スルタン（イスラムの専制君主）を倒して共和国を樹立した。

イランは、一九世紀、イギリスとロシアの進出で半植民地化され、一九二五年、パフラビー朝が興り、三五年、国名をイラン（アーリア人の国）に改めた。

イラクは四〇〇年間オスマン帝国の属州であったが、第一次世界大戦（一九一四年―一八年）後イギリスの委任統治となり一九三二年ファイサルを国王として独立した。イスラエルは、世界を流浪していたユダヤ人が、イギリス統治下のパレスチナに集まり、一九四八年イスラエルの建国を宣言した国家である。エジプトは、一八〇五年、オスマン帝国の宗主権下で王朝をたてた。第一次世界大戦の時、イギリスの植民地となり、一九二二年立憲君主国として独立した。

シリアはオスマン帝国領だったが、レバノンと分割で成立した国で、一九二〇年、フランスの委任統治となり一九四六年共和国を樹立した。

このように、オリエント（西南アジア）の大部分は、世界に先がけ一八世紀半ばより本格的にはたらく力の商品化による社会的分業に入ったヨーロッパ列強の支配下となり、それぞれがそれぞれのかたちで近代化への道をたどることになった。

(5) 人為のむらの潰滅

ここまで、かなり大雑把ながら、オリエント（西南アジア）の新たな権力者による人為的社会的分業の私物化餌食化による支配の歩みを述べてきたわけであるが、結論として次のことがらを述べておきたい。

その一つは、この地の新たな権力者による人為的社会的分業の私物化餌食化も、地球上のいずこのものとも共通して、オリエントの広い地域にわたる全統一の中央集権国家を成立させることができなかったということである。アケメネス朝ペルシアの前にも後にも全統一国家なしということになる。

その二つは、なぜそうなるのかということである。この点がきわめて大切なところとなる。それは、新たな権力者による人為的社会的分業の私物化餌食化も、本来の社会的分業を否定するものであったからである。権力者たちは、自らの栄耀栄華だけをめざしていた。そのためにトップダウンで自らの欲するもの、つまり、自分の必要とするしごとにひとびとのはたらく力を振り分けるだけであった。

これでは、権力者の必要、欲望は満たせても、むら全体のひとびとの必要は満たすことができない。このことにより人為のむらの社会的分業は完全に行き詰まりむらは衰滅したのである。これがオリエントのみならず、地球上のすべての新たな権力者による人為的社会的分業の私物化餌食化が残した凄絶な光景ということになる。

4 秦漢後の中国

(1) 小さなピラミッド化

ここで述べることは、秦、漢後の新たな権力者による人為的社会的分業の私物化餌食化のすがたと近代までの歩みについてである。

いつの時代でも欲深い狡猾な人間の種はつきないものである。中国全土のムラの社会的分業がほとんど崩壊した中でも、とても不可能な再びの全統一をこころみる欲の深い人間がいた。

小説『三国志』は多くのひとの知る歴史物語である。その魏の曹操《そうそう》、呉の孫権《そんけん》、そして諸葛孔明を三顧《さんこ》の礼をもって迎えた蜀の劉備は並はずれの欲の深い人間といえよう。このことをここで取り上げたのはなにも彼らの貪欲さをなじるためではない。彼らがどんなに強欲で知力、戦術にたけていようとも、ほぼすべてのムラの社会的分業が行き詰まらせた秦、漢後の中国の地では全統一など許されるものではなくどうしても三分割統治せざるを得なかった道理を述べるためである。

全土のムラのムラびとの富と力を総結集しなければ、けっして築き上げることができない全統一という大ピラミッドはムラが餌食化されつくした秦漢後においてはだれであれ、どんなにがんばってもその実現など決してできなかったということである。その後の中国で、隋《ずい》、唐《とう》、宋《そう》、元《げん》、明《みん》、清《しん》と再び大ピラミッドが築かれたように見えるが、しかし、それらは地域に勢力を持つ豪族、節度使（藩鎮《はんちん》）、官僚、郷紳《きょうしん》、軍閥などの、大土地（荘園）所有の新たな権力者といえる人間が築いた小さなピラミッドの寄せ集めの上にかろうじて君臨するかたちの中央集権国家であった。

そのため北方民族の侵入や天災、凶作、疫病、そして政治の腐敗や一六世紀からの西欧列強の来航などのはずみで、小さなピラミッドの一つでもゆらぎ出すとたちまちその中央集権国家は、がらがらと崩れてしまうという実に脆弱な形ばかりの大ピラミッド帝国であったということになる。

歴代の皇帝は、当然、富を吸い上げ独占するための人為のむらづくりを行った。しかし、そのむらは、かつてのムラの社会的分業の復興や再生をめざすものではなかった。その脆弱さは富さえ吸い上げればそれでよいとする類のまことに勝手なむらづくりであったからである。このことについては、のちに述べることになる。

いま述べた小さなピラミッドのゆらぎの要因はといえば、ほとんどが、むらびとの貧困からくる反乱、騒じょうである。

これとは別に、あまり残したくない史家がやっと書き残した小さなピラミッドの権力者の乱に西晋を衰えさせた八王の乱（三〇〇—三〇六）と五胡十六国時代に至らせた永嘉《えいか》の乱（三一一—三一二）、左で触れる安史《あんし》の乱（七五五—六三）、明初の皇位さんだつの靖難《せいなん》の役（一三九九—一四〇二）、清朝、三人の漢人武将の乱の三藩の乱(一六七三—八一)、清朝打倒の革命の洪秀全の太平天国の乱(一八五一—六四)などがある。貧困に因むむらびとの反乱については後に述べることにする。

秦漢後の小さなピラミッド化は新たな権力者による人為的社会的分業の私物化餌食化であり、分国化、分割統治、地方分権化ともいえるものである。この形はすでに述べたように近代までつづいた。全統一のように見える隋、唐も小さなピラミッドの寄せ集め王朝であった。六〇年つづいた三国時代、魏の中から生まれた西晋は、大体五〇年で五胡《ごこ》の侵入をうけ、五胡十六国と東晋(都を建康)に分かれ分割統治した。五胡十六国は一二八年つづくが五胡の一つ鮮卑《せんぴ》族から出た北魏が華北、華中の王として三八六年から五三四年まで臨んだ。北魏は西魏と東魏に分裂しその後西魏は北周がつぎ、東魏は北斉がついだ。これが北朝である。一方南朝では東晋が一〇〇年余りつづきその後、宋にかわり斉、梁、陳と政権は移った。

この北魏と東晋の南北朝時代に終止符をうち再び中国の統一をはたしたのが隋、唐ということになる。これらは、長い年月をかけての知恵と努力の結果の統一ではなく、はずみと運で手に入れたものといえる。小さなピラミッドのバランスの上にかろうじて立つもの、まさに狂い咲きの大輪の花にたとえられる。隋の煬帝《ようだい》の狂気の大運河建設。唐は領土を求めての東、北、西への征討、中国史上ただ一人の女帝則天武后のクーデターによりつくられたが、すぐ滅んだ周朝、ウイグル(トルコ)の援助でやっと平定した前述の安史の乱、後述する両税法のような人為的社会的分業のむらづくりさえも放棄したに等しい悪政の数々、天朝内部はまさにがたがたで地方の小さなピラミッドの領主の上にやっといのちを保っていたことになる。

安史の乱は唐滅亡のはじまりだけでなく、次に見る五代十国を経て宋（北宋）に至り新たな権力者による人為的社会的分業の私物化餌食化のかたちが大変革されるはじまりとされている。この乱で洛陽、長安の都は攻め落とされ、その時の荒れ果てた光景を詠んだのが詩聖といわれた杜甫《とほ》の「国破れて山河あり、城春にして草木深し…」の「春望」といわれている。

隋のあとをうけ李淵父子が六一八年創始の唐は九〇七年節度使朱全忠（後梁の太祖）に滅ぼされた。その後、五〇年余つづいた五代十国の争乱はまさに旧来の人為のむらづくりが崩壊し、新たなものに変革される時代であった。この争乱を終らせ、全土を統一したのはいま述べた宋（北宋）である。

(2)　皇帝のムラから藩鎮のむらへ

近代までの富は原則として商業や工業で生み出せるものではなくムラやむらの農業による以外にはない。このことによって皇帝や領主などのこの世で一番の欲深い人間にとってのやるしごとが決まる。権力者の欲望実現のために潰してしまったムラの代わりにどのような人為のむらをつくるかが彼らのやるしごととなる。これが新たな権力者による人為的社会的分業の私物化餌食化の肝心要のところである。それは既存のムラ（土地）とムラびとをどう囲いどう結びつけるかということであった。

そこで秦漢後このことがどう行われてきたかについての概略をながめてみることにする。

三国の魏は関中華北の地で屯田《とんでん》制による人為のむらづくりを始めた。これはムラの没落者流民、遊民などを強制的に官の土地（田土）に縛り付け農業に従事させるものであった。この場合を民屯といい、もっぱら兵士の場合を軍屯という。屯田制のやり方は実に清朝までつづいたが、しかし、清朝ではしだいに民田化している。

魏はこの屯田制と役人登用の九品中正制度で国力をつけ、まず蜀を討った。その後、魏から出た司馬炎の晋が呉を征し三国対立を終らせ全土統一した。晋はのちに分国し南の建康を都とし東晋と名のった。晋は東晋と区別し西晋という。

西晋では土地をむらびとに与えはたらかせる占田《せんでん》、課田《かでん》の制が行われた。占田は男子七〇畝、女子三〇畝が割り当てられ凶作や天災、不幸、貧困を救う義米を納めさせた。課田の方は租や布帛を納めさせるために与えたもので丁男に五〇畝、丁女に二〇畝が給せられた。同時に戸調式が実施された。これは戸籍をつくり戸ごとに平等に絹、綿を徴収するものであった。これはムラにかわる人為（行政）のむらづくりであった。

西晋は前述の八王の乱にかかわる二代恵帝（位二九〇―三〇六）以後、国政は乱れ、このすきをつかれ北から匈奴の侵入をうけ滅亡した。その時、一族は南に下った。これが、右で述べた東晋である。その後、華北華中の地は外民族の五胡（匈奴《きょうど》、鮮卑《せんぴ》、氐《てい》、羯《けつ》、羌《きょう》）の諸王朝（一六国）が一二八年も興亡をくり返した。この間の遊牧民の彼らは農業中心の人為のむらづくりの経験も知識もまったくなかった。ひたすら、崩壊したムラの没落農民からわずかに残る農産品の収奪を事とするだけであった。

混乱だけがつづく華北での五胡十六国を統一したのが前述の五胡の一つの鮮卑族の血を引く北魏であった。この国は華北を統一したが北方寄りの勢力のため、はじめ長城に近い平城（大同）に都を置いた。のち洛陽に遷都。北魏の人為のむらづくりはすすんで漢化政策をとり西晋の占田課田を引き継ぐかたちの均田法と五家を隣、五隣を里、五里を党とする三長制《さんちょうせい》をとった。これは北魏をつぐ北周、北斉にも受けつがれ隋唐まで行われることになった均田制である。このむらづくりは、皇帝私有の全田土をむらびとに班給し、むらびとから租庸調、雑徭（労役）の税を取るものである。新たな権力者による人為的社会的分業の私物化餌食化であり、むらびとをどう土地に結びつけ、つまり、田土とむらびとを囲いこみどうはたらかせて、いかに多くの富をとり上げるかというシステムづくりである。この制度は日本、朝鮮、南詔（雲南）などに伝わった。わが日本では班田収授法の名で呼ばれ律令制中央集権国家の財政の基礎となった。

死ねば与えられた土地は返したが、ムラびと全員参加で必要なしごとを分担、協力しだれもが、意欲的にはたらいたかつての本来の社会的分業のムラとはまったく異なるただ富の生産だけが強制されるむらであった。むらびとは奴隷のあつかいを受けた。多くのむらびとはきびしい労役と重い貢租負担から土地を放棄しむらを離れた。彼らは没落、逃亡、流民、無頼の徒、盗賊というコースをたどった。したがって、均田制のむらは富の吸い上げがうまくいかず衰退することになる。

これによりかかりうまい汁を吸っていた官僚貴族や豪族、また藩鎮たちはわが身の将来に不安を抱きはじめた。そこで自らの手で没落したむらびとの土地とむらびとを囲いこみはじめた。官僚、豪族、藩鎮たちはどんどん土地とむらびとを囲いこみ私有地を広げ大土地所有者となり自らの手で富の収奪をはじめた。囲いこまれた土地とむらびとの人為のむらを荘園という。

このような中で大土地所有者たちの土地争いははげしさを増し、結局、勝を制したのが藩鎮であった。そして、こんどは藩鎮たちの主導権争いがはじまった。これが九〇七年から九六〇年の五代十国の争いであった。この藩鎮による藩鎮の滅ぼし合戦で、それまで長く中国を支配してきた門閥の豪族、旧官僚貴族はことごとく没落してしまったといわれている。したがってこれまでの富収奪のための人為のむらづくりは失敗してしまったことになる。

(3) 再び皇帝の人為のむらづくり

北宋（九六〇―一一二六）を建国したのは、五代十国最後の王朝後周の節度使（藩鎮）趙匡胤《ちょうきょういん》である。彼は藩鎮の勢力を根絶し武力に頼らないそれまでとは異なる文治主義、官僚による人為のむらづくりを始めた。それは、科挙を改め殿試（進士）によって、つまり君主独裁で新興の大土地所有者の中で政策に明るい者を官僚に採用し、その官僚を根絶させた藩鎮の支配地に領主として配置し、人為のむらづくり、すなわち、荘園の経営に当らせ富を吸い上げさせるものであった。このような富収奪システムを備えるに至った北宋は君主独裁の官僚制国家と称されている。

また、このような人為のむらづくりは佃戸《でんこ》制土地所有とも言われている。佃戸とは人為のむら（荘園）ではたらかされた半奴隷（農奴的）のむらびとのことである。この土地所有に基づき領主たちは小国の王として各地に小さなピラミッドを築き上げた。彼ら小国の王たちは一方では皇帝を支え、他方では皇帝に貢献すべき富のピンはねをつづけたので、その分、皇帝の吸い上げる富は減った。そのために皇帝がとった富の増収策が唐までさかのぼることになる両税法（七八〇年）であった。これはそれまでの租庸調に依るもので、すべての住人の現住地の戸籍をつくり資産と丁口《ていこう》（成年男子）による戸税と所有地による地税を定め夏と秋に分納させるものであった。

これは、小国の王の荘園領主にとっては、はたらくむらびとの数のごまかしなどでたやすく脱税が可能のものであった。一方、生き残りつづけている自作農民にとっては収穫高によらぬ耕作面積に一律に課税されるものであり、全体的にみればかなり人頭税に近いもので、たいへんきびしいものであった。この人為のむらづくりの策はけっして皇帝の富、つまり、財政力を増すことはなくかえって減少させていった。

明の一三八一年にはじめた里甲制《りこうせい》なる人為のむらづくりも、本来の社会的分業のむらづくりとは無縁のものであった。単に租税負担させるために一一〇戸を一里とするもので、むらびとの社会的分業へは何の配慮もされないものであった。

富こそわがいのちとする皇帝の富をより多く吸い上げる税制をつくったのが明代後半、一六世紀末の一条鞭法《いちじょうべんぽう》であった。これはそれまでの両税（地租）と徭役とを一括して銀納させるものであった。このような税を人頭税に一本化して納めさせるためのステップともとれるこころみはむらびとの生活やむらの富の生産状況を考慮しない、言ってみれば富の源泉がどこにあるのかなどはどうでもよいものので、要は富さえ納めさせればそれでいいとするものである。人為（行政）のむらづくりさえも放棄したに等しいものと言わざるを得ないものであった。

富さえ吸い上げればそれでいいとするこのような税制を徹底させたのが清王朝の地丁銀《ちていぎん》である。この税制は丁税（人頭税）を地税（土地税）の付加税として銀納させるものであって、土地から取る税と人間から取る税を合わせたものであった。佃戸から自作農民になったむらびとや荘園に残ってはたらく佃戸も等しくひとり当たりいくらとして納税させることによって、皇帝は安定的に富を吸い上げようとしたわけである。ここに至り人為のむらづくりは放棄され里甲制は消滅した。むらは大土地所有者に委ねられ、いわゆる搾取する地主と小作人の主従の関係の場所になった。

歴代の皇帝のむらづくりはかつてのムラにすこしでも近づけようとするものではなかった。富さえ吸い取れればそれでよかったものに終始した。そして、ついにむらなどどうでもいいことにされた。近代に近づくにつれて皇帝の吸い上げる富の量が減っていったのはこのような理由によるもので当然のことであった。皇帝の富の減少にはもう一つの要因があった。それは商人による富の吸い取りである。元来商人は皇帝のために珍しいものや贅沢品を調達するのを役目として営業を許されたものである。商人の本性は安く買って高く売り利ざやをかせぐもうけ第一主義である。皮肉なことに、皇帝たちは贅にふければふけるほど商人たちのいいカモとなり富を吸い取られていったのであった。むらびとと商人の関係も同様のことがいえるわけで商人は天下の富を独占し皇帝を実質しのぐほどの勢力を持つことになった。

皇帝も自らの富の減少がつづく中で何の対策も講じなかったのではない。東晋や南朝（宋、斉、梁、陳）では北から南への移住者にはことごとく戸籍をつけもれなく課税する土断法《どだんほう》を実施した。また唐朝一一代憲宗は賦役の重税化、塩、茶の専売をはじめ富の増収をこころみている。北宋なども王安石《おうあんせき》を宰相にして商人の富の吸いとりを防ぐため均輸法《きんゆ》や佃戸制地主の富のよこどりを防ぐため青苗法《せいびょう》などの新法を実施させた。清朝などはできるだけ多くの税をつくり、たとえば関税や雑税などの間接税を設けて財政の増収を図っている。

(4)　むらびとの反乱

人為のむらでは本来の社会的分業が行われないので失業、貧困はつきものとなる。凶作、自然災害などが起きるとたちまち飢饉となり多くのむらびとが全土的規模で餓死した。その上むらびとは兵役にかり出されるのだからたまったものではない。奴隷または半奴隷のまま死ぬより土地を離れ流民、遊民となり無頼の徒盗賊となって血路を開こうとした。

こうだから、新たな権力者による人為的社会的分業の私物化餌食化、すなわち、人為（行政）のむらづくりのもとでの一方的搾取はむらびとの反乱を必然的に発生させた。むらびとの反乱はほとんどの場合世直し宗教教団と結びつき起こった。長期となり全土へと広がりしばしば時の王朝を滅亡させるのに大きな役をはたしている。この乱の中から次の皇帝が生み出された例もある。

ここから、中国のむらびと反乱史のあらましをみてみよう。

最初のそれはすでに述べた前二〇九年の陳勝《ちんしょう》、呉広《ごこう》の乱といわれている。暴政をつづける秦王朝を倒し漢王朝が立ち上がる端緒となったもので多くのムラびとや豪傑がこれに加わり、貧農出身の劉邦、名門の項羽らも討秦の軍を起こした。ついに劉邦が秦を滅ぼし、そして、漢王朝を開いた。

陳勝（渉）は河南省の貧農の生まれである。字の読めなかった劉邦よりもはるかに学があったとみえ、年少のとき「燕雀《えんじゃく》いずくんぞ鴻鵠《こうこく》の志を知らんや」、徳や器量のない人間に度量が広くすぐれた人間の志や心が理解できるわけがないと自らの大望を仲間に言い放っている。また、反乱決行の際「王侯将相いずくんぞ種あらんや」王、侯、将、相になるのは、特別の家柄血筋によるものとは限らない。だれでも心がけ、実力しだいでなることができると檄を飛ばした。

次は、紀元一八年―二七年の赤眉《せきび》の乱である。

前漢と後漢の間の新王朝（紀元八―二三）の失政は各地にむらびとの反乱を引き起こしたが、中でもこの乱は山東に起こり一〇余万が樊崇《はんすう》を首領に大あばれをしたがついに統制をなくし、挙兵した劉秀（のち後漢を興し光武帝を名のる）に攻められ乱は崩壊した。貧窮のため生業をもてない貧農の二、三男、そして土地を失い流民となったむらびとの集団で眉を赤く染めて味方としたところから赤眉の名がある。

一八四年には黄巾《こうきん》の乱が起きた。

時は後漢末、リーダーの張角は太平道師でその信者や豪族の大土地所有で土地を失った没落農民、そして、貧困と病などに苦しむむらびとの集団を率い三〇余万の大集団であばれた。参加したすべてが黄色い頭巾をかぶり敵と区別した。途中で張角が病死、主流は平定されたが、残党は一〇年以上にわたり、各地で蜂起をくり返し後漢を滅亡へとゆさぶりつづけた。

八七五年には黄巣《こうそう》の乱が起きた。

これは、七五五年の安史の乱で藩鎮（節度使）の跋扈《ばっこ》を許し唐の国力弱体化一途の中で引き起こされた約一〇年にわたるむらびとの反乱である。山東の塩商、黄巣、王仙芝らが挙兵した。各地の流賊を加え、多くのむらびとが立ち上がり中国全土、とくに山東、河南、陝西がおもな戦場となった。首都の長安を占領、大斉と号したほどのものであり、唐はトルコ系の遊牧国家、突厥《とっけつ》の援助をかりてやっと平定している。以後唐王朝はまったく衰えていった。

この乱に加わっていた朱全忠は寝返り唐に降り、唐朝の宦官《かんがん》、貴族を掃討し五代十国のはじめの梁《りょう》朝を建てた。安史の乱と黄巣の乱そして五代十国（すべて藩鎮の軍閥）の武断政治によって旧来の貴族勢力はまったく没落してしまったといわれている。

因みに、安史の乱そのものはむらびとの反乱ではなく内乱である。

「長恨歌《ちょうごんか》」で知られる唐六代の玄宗とその妃、楊貴妃にからむ権力闘争で安史、すなわち、イラン系の安禄山《あんろくざん》（三藩鎮を兼ねた）と史思明《ししめい》らが起こしたものでウイグルの援助で九年かけ平定、唐朝を確実に衰えさせたものである。

一三五一年から六六年にかけて起こったのが紅巾《こうきん》の乱である。

これは、モンゴル族王朝、元の支配をゆさぶり、漢民族王朝、明の成立のきっかけとなった宗教教徒と一体となったむらびとの反乱である。白蓮、弥勒教徒がその中心となり、紅巾をもってしるしとした。元朝の圧政と無能無策に対して多数のむらびとが加わり、その勢力は華北華中一帯に及んだ。しかし、元軍と豪族の官軍によって討伐されたがその後、各地で大乱が起こり、元朝滅亡の因となった。朱元璋（のち洪武帝）は江蘇省の貧農出身、ルンペン僧から紅巾の乱に加わり、南京で立ち群雄を制圧し、元朝を倒した。そして、明王朝を興している。

明末、一六三一年から一四年間にわたり起きたのが李自成《りじせい》の乱である。

李自成は陝西省の北部、黄河の支流、無定河沿いの米脂の農民である。かつては小地主であったが、明朝の政治腐敗と過酷な税によって没落した。陝西は一六二八年大飢饉に襲われ飢餓農民による反乱が起きた。李自成も飢兵を率い反乱に参加、乱はたちまち四川、湖北、河南、山西に広がった。李自成はやがて頭角をあらわしその首領となり西安を占領、北京を陥落させ明朝を滅ぼした。しかし、満州族の清軍に北京が奪回され、ついに李自成は河北の山中で自殺した。

特異なものとしては、一七九六年に起こり、一八〇五年までつづいた白蓮《びゃくれん》教徒の乱がある。

白蓮教徒の乱はすでに元、明代にも起きたが、いずれの場合も表向きは教徒の乱とされているが、実際は清王朝の暴政、無策、重税に反対する多くの農民の苦悩を代弁するものであり、当然、農民は参加しまた多くの支援を行った。だからこそ一〇年にもわたり戦えたのである。この乱は湖北、四川、陝西の山岳地帯を舞台とするものであったが、はげしいもので中国のむらびとの反乱の最後を飾ると同時にこの期をもって清王朝は慢性的財政難に陥り、衰亡への一途をたどった。したがって、その後の一〇〇年の清王朝は生ける屍ということになる。華北の天理教徒の乱（一八一三年）、大平天国の乱（一八五一―六四）は割愛する。

時に、すでにはたらく力の商品化による社会的分業の社会となっていたイギリスとのアヘン戦争（一八四〇―四二）で打撃を受けた清朝は、繰り返されるイギリスを先頭とする西洋諸国の植民地獲得の圧力で簡単に滅び、後に中華民国が建設（一九一二）された。その後の中国ははたらく力の商品化による社会的分業の社会をめざし進むことになる。

(5)　消されたむらびとの苦しみ

むらびとの反乱、むらびとの蜂起などというものはそれ相応の理由のないのに、ある日突然起こるものではない。

本来の社会的分業が行われるムラでは絶対に起きることのないものである。食べられないから、苦しいから起こすのである。権力者による社会的分業の私物化餌食化という富の収奪だけをめざした人為（行政）の不自然なむらづくりから生じるものである。

右に挙げたような大反乱は、ことごとくむらびとの苦しみの小爆発が集まったものである。すなわち、史家の書き残さないほどの小さな不平、不満、恨みのつみ重ねから起きているのである。

たとえば、先述の明末の李自成の乱にしても、一四四八年の佃戸の反地主闘争（抗租）にはじまり連綿とつづいたむらびとの騒擾が、さらに一七世紀前半の多くの民変、すなわち、都市ではたらかざるを得なくなった貧窮民の反乱が、そして、多くの奴変、すなわち、奴隷的扱いを受ける佃戸たちの闘争などが一つ一つつみ重なっての結果である。

また先述の白蓮教徒の乱にしても、四川、雲南のイスラム教農民、ミャオ族農民の諸反乱では、圧政の怨恨を晴らすことができなかったためであろう。むらびとの反乱は全土のどこにおいても日常的にくり返し起きていたはずである。しかし、こんなむらびとのむほんの事実などは皇帝の事績を記す役割の史家にとってはどうでもよいことであった。手間のかかる面倒なこととして扱われた。小さな日常の農民の反乱のごときは歴史からすすんで消されたのである。われわれのいま知ることのできるものはどうしても消すに消すことのできなかったものだけが残されていることをしっかりおさえておく必要がある。

歴代の皇帝の皇位をめぐる血で血を洗う争いや権力という欲望のためのみにくり返された惨殺、毒殺、謀殺、そして、外戚、宦官、官僚の三つ巴の殺害を常とする権力争奪劇などは不名誉なこととして史家は消し去った。このような人間のやることとは到底考えられない欲望劇を三〇〇〇年以上にわたり支えつづけたのがムラやむらのひとびとであった。その上、兵士として権力者のために殺し合いをさせられ、権威を示すためだけの大宮殿、大神殿、大墳墓をつくらされ、隋の時代には皇帝煬帝《ようだい》の快楽のための大運河の工事にむりやりかり出され酷使された。残忍にも、宮殿、神殿、墳墓づくりなどの大規模な土木工事ではそれらの内部の秘密がもれることを恐れて、作業をおえた多くのむらびとは首をはねられ、大切ないのちをささげさせられたのである。

皇帝や権力者といえども自分ひとりのはたらく力では生きていけない。そんな人間がなぜ、どうして、富を限りなく独占し欲望をふくらませ栄耀栄華をきわめなければならないのか、こんなことをむらびとの政《まつりごと》だと、よくも偽りつづけたものである。

われわれは貧農の出か名門の出かにかかわらず並はずれた欲望をかなえようとして戦い王朝を開き皇帝の座についた人間を偉いといい、また王朝をつぶした皇帝を愚帝といい、皇帝のための富集めの上手な宰相を名相と呼び、その拙きものを暗愚などといってなじることを当り前のこととしてきたような気がする。

これは一体どこからくるのだろうか。何の意味があるのだろうか。

あらためて名帝とか名君とは何か、歴代の皇帝たちのやってきたことは何か、歴史とは一体、何について述べることなのか、述べるべきなのか、しっかり問い直さなければ、これから先のあしたの世界への扉は開くことはできないのではないのか。

われわれの多くは、これまで皇帝や君主、権力者たちがいたおかげで三度のめしが食え、いのちのリレーができ今日まで生きてこられたと信じている人は、けっこう多いのではなかろうか。これでいいのか。逆ではないのか。

V　はたらく力の商品化による社会的分業

はたらく力の商品化による社会的分業が始まったのは、イギリスである。その本格化は一八世紀半ば過ぎとなる。そして、やがて、これは世界に伝えられた。したがってその歩みは、まだ三〇〇年足らずであり、目下、拡充発展途上にあるものと考えている。

それは、今日に至るも、世界の人々のはたらく力商品の自由な売り買いを妨げつづける各国の高い垣根があり、その上、未だに地球上にははたらく力の商品化が十分進んでいない地域も相当残されている。それだけでなく、各国内には、女性やはたらける高齢者、そして、教育期間が長期化する若者などのはたらく力の商品化をどうするかの問題が残されており、到底、世界のはたらく力の商品化による社会的分業が成熟しているとはいえないからである。

これから述べるこの社会的分業のしくみは、各国の垣根が低くなり、いま述べたような諸問題が解決に向い、世界の人々のはたらく力の商品化が限りなく一〇〇%に近づき、自由・平等の原則に基づく競争がより完全かつ公平なかたちで展開された状態、つまり、世界のはたらく人々の間の貧富の差が限りなくゼロに近づいた状態を想定しての話である。

したがってこの話が、いま現在のさまざまな現実の経済現象との隔たりや、異なるところのあるのは当然のこととなる。

それでは、次に、はたらく力の商品化、商品を買い商品をつくって売る方法、はたらく力の社会的振り分けの原理、儲けについての順序で述べることにする。

1　はたらく力の商品化

(1)　はたらく力商品の値段

そもそも商品化とは、商品になること、商品にすることである。ところで、これには二つの意味がある。一つは、だれにもすぐ分かることで、商品とは売り買いされるものであり、そのために値段がつくことである。その二つは、いささか分かり難いことだが、その値段は、同一の商品にはかならず同一の値段がつくという一物一価の法則（無差別の法則）（W・S・ジェヴォンズ『経済学の理論』一八七一年）に支配されていくということである。

さて、人間のはたらく力も商品となった以上、値段がつかねばならない。それは、給料、サラリー、賃金などと呼ばれ、時給、日給、月給、年俸などのかたちをとっている。

時に、このことは、人間、そのものに値段がつくことではない。

いま現在、給料に差がある。これは、能力差、学歴差、地位などによるものと考えられている。給料に差があって当然と考え、ちがいあってこそ人の世と、ちがいを望むむきもある。しかし、この考えは、大いに批判されるべきであろう。

それは、この世の中の商品のすべては、いまも述べた一物一価の法則に支配されることになっているからである。この法則の貫徹には、もちろん、世界の人々のはたらく力の商品化が限りなく一〇〇%に近付くことと、さらに完全な競争、すなわち、厳正な価格競争の行われることが欠かせないこととなる。ではあるが、とにかく、はたらく力商品であれ、他のいかなる商品であれ同一の商品には同一の値段がつかなければならないというものである。特に、はたらく力商品はそうでなければならない。もしも、その値段、すなわち、給料などが一物一価でなく人によってさまざまであったりすれば、はたらく力の商品化による社会的分業は円かつに進まず、やがて、成り立たなくなるからである。

後においても、一物一価の法則については述べるつもりであるが、これから話を進める上で必要なことがらなのでここでは、そのほんの概略について触れておくことにする

そもそも、はたらく力商品を始めこの世の商品という商品の値段、価値というものは、ことごとく、基本的にその売り買いによって決まる。その場合、則るものといえば、自由・平等の原則に基づく価格競争である。

その売り買いは、原則、商品の売り手の方から、この値段でどうですかと値段を提示、そして、それでよければ、買われることになり、売買は成立する。しかし、売り手は、売れなければ、値段を売れるところまで下げなければならない。これが価格競争の原則であり、その値段は社会全体の売り買

いすなわち需要と供給で決められていく。

この価格競争は、世界の中で、つまり世界市場で日々の時間の流れの中で直接的取引として行われるものであり、このことを通して、地球上の同一の商品には同一の値段、価値というものが確定されていくことになる。一旦確立されれば不変ということにはならず、その値段、価値は常により適正値を求めて変化していく。これが一物一価の法則である。

さて、だれも知るように、人間には、記憶力、考える力、運動能力、器用さなどで、どんなに努力しても、当然差がでる。

この差は、差とみるよりも、多様な個性と考えるほうがふさわしいのではないのか。なぜか、それは人間は、昔も、今も、これからも、だれも、一日いっぱいはたらいても、自分一人の力では自分が生きるのに必要なものをつくり出すことはできないからである。このことは、情けないといえば情けない話だが、人間という生きもののはたらく力の真の実力である。

こんな人間のだれもが等しく人間らしく生きることの実現のために創造されたはたらく力の商品化による社会的分業というものが、いま述べた人間のそれらの差を差でなくし、さらに、個人が頑張った努力までもゼロにし万人のはたらく力商品の価値、値段の同一化、平等化、つまり、一物一価を必要不可欠なこととして強制することになっていることを見落してはならないと思うのである。

心情的には、わたくしもせめて、個人の努力その差だけでも報われてしかるべきでないのかの思いはあるが、しかし、何としても、この道理を曲げるわけにはいかないのである。

したがって、社会の中で、どのような種類のしごとを分担しようとも、その人のはたらく力の価値は、他のいかなるひとのものともひとしくならなければならないのである。このことは至上命令であってその値段、すなわち、給料、収入などに差があること自体がまったく勝手な価値判断によるもの、この世の不正の最たるものということになる。はたらく力商品の価値、値段はいまは確かに世界中で国家や企業の間で差を残している。しかし、やがて世界の人々のはたらく力の価値、値段は限りなく同一化へと近づくはずである。そうでなければ、世界の全員が生きていけないからである。ところで、その同一化した価値、値段はどれほどのものかといえば、まことに古くさい俗ないい方になるが、万人が「三度のめしが食える」程度のものということになろう。

はたらく力の商品の価値、値段に大きく差があることは、いま述べたごとくこの世の最大の不公正であり悪である。この差が一方に富者を他方に貧者を生みつづけているからである。

いま、はたらく力の商品が一物一価の法則で貫かれていないのは、どうしてであろうか。このことについては、次の「物づくりから商品づくりに」の終末で少し触れることにする。

ちなみに、はたらく力商品の価値、値段の格差を直接、示すのが、国や企業別の平均賃金や平均所得である。間接的に示すのは国別などの物価水準となる。物価が高いのは、他国と比べてはたらく力商品の価値、値段が高いことを示している。

⑵　二種類になったはたらき方

はたらく力の商品化による社会的分業で注目すべきところは、はたらく力の商品化によってむら社会の必要とする物づくりから、一遍に世界という社会の必要とする商品づくり、すなわち、「商品を買い商品をつくって売る」というかたちに変わったことと、このことによって、万人のはたらき方が二種類のものになったことである。

世界の商品づくりへと変わったのは、唯一商品化していなかった人間のはたらく力が商品化し、このことが世界の隅々まで広がりつづけているからである。このことによって、志、チャレンジ精神あればだれもが、自らのはたらく力商品を売りそれを担保に借金し、他人のはたらく力商品や商品づくりに必要な原料や機械などのさまざまな商品を買い入れ、世界の人々の必要と思われる商品をつくり、それを売り、儲けようとする商品づくりへと大変革させたということになる。

この商品づくりはイギリスから始まり、いまや世界中のどこでも行われるようになった。そのため、はたらく力を買われた（雇われた）人は世界のどこへでも行きはたらかなければならなくなった。たとえば、あそこは遠い外国の地なので行きたくない、あのようなしごとはきらいだなどと勝手を通せばどうなるか。その人のはたらく力は商品ではなくなり、その人は生きていけなくなる。とにかく狭いむらでのむらびとのための物づくりから世界のどこへでも赴き、まず自らのはたらく力を商品として売り、世界のための商品づくりに携ることが多くの人間のはたらき方、生きる方法となったのである。

これから見えてくるものがある。それは、人間のはたらき方が二種類となったことである。はたらく力の商品化によって、生きるためには、まず、自分のはたらく力商品を売り、その代金でもって必要な商品を買い消費するということが、だれにも欠かせない共通の生きるための行動パターンとなったわけだが、このはたらく力商品の売りと買いということをめぐって世界の人間には二種類のはたらき方が生まれたのである。

その一つは、いま述べたことだが、まず、自らのはたらく力商品をできるだけ高く売ってその代金でもって他人のはたらく力商品や社会（世界）の必要とする商品（物やサービス）づくりに必要なさまざまな材料の商品をできるだけ安く買い、それらをもって、売れそうな商品をたくさんつくりそれを原則、高く売ってできるだけたくさん儲けようとするものである。

もう一つは、この社会の必要と思われる商品づくりを企てるはたらく力商品の買い手に自らのはたらく力をできるだけ高く売りその代金で自らの生活に必要なさまざまな商品（物やサービス）をできるだけ安く買い、それを消費し自らのはたらく力商品を再生産し、つまり、くり返しはたらく力商品をつくりそれを原則できるだけ高く売って儲けようとするものである。まさに、これははたらく力商品の生産である。この二種類のはたらき方に共通するところは「商品を買い商品をつくって売る」商品づくりといえるものである。そして、だれもが、できるだけ高く売ってできるだけ安く買うということと、できるだけ安く買ってできるだけ高く売るということ、つまり、売り買いの差益をその儲けとしようとするものである。

前者のはたらき方は自らのはたらく力商品をできるだけ高く売り、その代金を担保にして他人のはたらく力や商品づくりに必要とするその他多くの材料商品をできるだけ安く買うことが欠かせないことになる。たとえ、いくら自らのはたらく力を高く売ることができたとしても、実際に、それで商品づくりに必要なすべてを買うことはできない。そのため自らのはたらく力商品を売った代金を担保に借金をしなければならない。借金をした分は分割、長期にわたり誠実に払いつづけ完済しなければならない。そして、一定の平均的所得を手にすることになる。

後者の場合は、自らのはたらく力商品を、ひたすら高く売ることからはじまる。この売りの前にははたらく力商品づくりに必要な商品の買いがある。売りと買いは常に、表裏一体のものだが、売りは常に困難が伴うが買いは安くを度外視すると容易。前者後者、二種類のはたらき方に共通するモチベーション、動機となるものはいま述べたように安く買って高く売り差益、利益を得ること、儲けて人に勝る生活をする欲望である。しかし、これら売り買いのすべては自由・平等の原則による価格競争によるわけで、つまり、はたらく力商品をはじめすべての商品が一物一価の法則の支配を受ける以上、二種類のはたらき方のどちらも原則として利益を手にできないのが道理なのである。

ちなみに、この利益とは、すでに述べたはたらく力の価値、値段の同一化以上のもの、すなわち、三度のめしが食えてなおかつ贅沢三昧できるほどのものという意味である。

さらに注目すべき点がある。それは、人間の儲けという欲望のため、ここで述べた二種類のはたらき方はしばしば入れ替わるということである。

二種類のはたらき方、すなわち、はたらく力商品の雇い主になることと、はたらく力商品をくり返し売る雇い人になることは固定されることなく、むしろ、入れ替わることが、はたらく力の商品化による社会的分業には必要なことで、健全なことなのである。このことをスムーズに進めるためにも、はたらく力商品の一物一価は重要なことになる。

二種類のはたらき方の交替によってどの種の商品づくりに挑戦するか、また、どの種の商品づくりに自らのはたらく力を売るかということは、いわゆる職業選択の自由と表現されることがらである。なぜ、職業選択の自由が近代社会にあるのか、それは自由・平等の原則による価格競争の前提になるものであり、後に述べる社会的分業のはたらく力の振り分けに欠かせないことだからである。

(3) はたらく力を商品化させたわけ

はたらく力の商品化はなぜ引き起こされたのであろうか。

はたらく力の商品化の中には、すでに述べたように、万人のはたらく力を商品にし、その価値、値段を同一化、平等化させていく力と万人にその商品の売り買いを平等の立場でどこまでも自由にさせだれにもどこまでもの儲けという欲望をかなえさせようとする夢が秘められているからと考えられる。

　このような魅力のため、地球上のどこかで、はたらく力の商品化がひとたび始まれば時間はかかるが世界全体がこのことでおおいつくされるまで止むことがない。すなわち、万人のはたらく力の商品化一〇〇%をめざして突き進むということになる。しかし、いまは先述のごとくはたらく力の商品化はその途上にある

　ところで、自由と平等と欲望と夢の詰まったものと言えるはたらく力の商品化は、けっして、自然に発生したものではなく人間が勝ち取ったものである。それは一体、だれがだれから勝ち取ったものかということは知るべき興味のあることがらであろう。

　かつて、どこまでもの自由、どこまでもの欲望の実現を数千年にわたり独占してきたのは国王や皇帝などである。したがって、彼らからむらびとが、すなわち、万人が勝ち取ったということになる。

　彼ら権力者は、この世に君臨してから長きにわたり、万人の生きるよりどころのムラやむらでの物づくり、すなわち、社会的分業のムラやむらとムラびとやむらびとをくたばるまで私物化し、餌食化しつづけた。ムラびとやむらびとが力を合わせ、精出してつくった富を無慈悲にも取り上げそれをもって、自らの欲望を満たしつづけてきたのである。

　栄耀栄華をきわめ、その贅沢三昧から財政難に陥り近代社会に近づくにつれて彼らはむらびとよりも力を弱くしてしまった。その結果、彼ら権力者は権力の座から引きずりおろされ、彼らが独占していたどこまでもの自由や、どこまでもの欲望の実現の力と夢は手放さざるを得ず、それらは万人、む

らびとの所有物にされたのである。

はたらく力の商品化は万人が権力者の私物化餌食化からの脱却を意味する。これは、すなわち、万人が権力者による土地への緊縛や身分制度をはじめとするさまざまな束縛からの解放を勝ち取った結果である。このことははたらく力の商品化による新たな社会的分業への大革命であった。

この人類史上かつてない大革命はイギリスから始まった。それはある日突然ではなく、すでに一四、五世紀からのいくつかの変革のつみ重ねの上で、やっと一八世紀のおわりに本格化したものである。この革命の波はあまり時をおかずフランスやアメリカに伝わり、他のヨーロッパの国々や日本へは一九世紀の半ばすぎに伝えられている。

(4) はたらく力を商品化させた主役

はたらく力の商品化を推し進めたのはだれか、空前のこの大事業を成功に導いたのは一体だれなのか。

人類史上、数千年にもわたり、国王や皇帝に富を奪われ、最も虐げられてきたのは、人口の大多数をしめたむらびとであった。したがって、その主役はむらびとだろうと、多くの人は考えるかもしれない。

こう考えるのは、かたき討ちの好きな判官びいきの人間に多い。事実はそう単純ではない。実は、意外にも、主役を演じたのは商人たちであった。

ここで、商人とは何かということを、あらためてみておこう。

商人というものは、ムラで農耕や牧畜の社会的分業によって生きてきたムラびととは、まったくその生い立ちを異にしている。商人は、ムラとムラびとを私物化餌食化してきた王侯貴族、なかんずく国王や皇帝たちが自らのためにつくった御用達である。御用商人とも呼ばれている。御用達とは権力者の欲する物品を専門に納める人間ということになるわけで、その誕生は権力者の登場と同時であり、その歴史は古い。

商人たちは、王侯貴族、国王や皇帝の意向に添うため、危険もいとわず遠く離れた異国の地まで出かけた。命ぜられた物品や彼らの喜びそうなものを買い求め、持ちかえり納めた。このようにいのちがけの商売をする以上、商人たちは、一度にできるだけ多くを稼ぐこと、稼げるものは何でもあきなうこと、独占的に稼ぐことをモットーにした。

商品をできるかぎり「安く買って高く売る」ことによって、どこまでもの利益を上げることが、商人の習性となった。

商人は権力者に絶対服従の御用達、すなわち、召使い的立場にあったが、反面、世事にうとい権力者が儲けのおもな相手であったので思う存分儲けることができた。

数千年も前より国王や皇帝は、自らは一滴の汗も流さずムラびとから金を絞り上げていたので金の有難味を知らない。欲しいものを目にすると、金に糸目をつけなかった。高価なものほど彼らの欲望を満足させた。このようなわけで権力者たちは商人たちのいいカモでありつづけたのである。

カモを相手に商人たちは蓄財をつづけた。反対に国王や皇帝は、どこまでもの自由とどこまでもの欲望を享受するため、濫費をつづけた。その結果、彼ら権力者の懐は、常に空っぽであった。金欠病が高じいらだつたびにむらびとへの苛斂誅求《かれんちゅうきゅう》をくり返した。

一方では頼みの綱の商人たちに頭を下げ借銭し金欠を切り抜けようとした。習い性となった権力者の濫費ぐせは直らず、借銭は増えるばかりであった。これにより、権力者はついに自滅の道を選ばざるを得なくなるのである。

権力者の衰亡の早かったのはイギリスで一七世紀の半ばから、ヨーロッパや日本では一八世紀の初めごろからとなる。

ちなみに、フランスではルイ一五世（位一七一五—七四）時代、わが国では享保の改革（一七一六—四五）の時代である。

2　商品を買い商品をつくって売る方法

(1)　商人の新しい儲けの方法

力を無くした国王や皇帝は商人たちの儲けの相手でなくなった。商人たちは、その相手を人口の大多数を占めるむらびとや十字軍（一一世紀末―一三世紀末）を契機に勃興してきた都市の人々に定めることになった。人為のむらのむらびとや都市の人々の多くは貧乏であったので、「安く買って高く売る」商法も通用せず、その儲けは満足できるものではなかった。

儲けがいのちの商人たちは次なる手を考え出したのである。

「安く買って高く売る」という商法の中に、思い切って、「つくること」を入れればいいではないか、つくって売れば儲けが大きいはずだ、という考えが浮んだのである。このことは、史上初の発想の大転換であり、「商品を買い商品をつくって売る」と表現できるものであった。その始まりは、イギリスでのマニファクチュアの前段階の一六、一七世紀の毛（羊）織物商品づくりの問屋制度である。この新しい儲けのかたちも、売り買いが基本である。したがって、つくることも売り買いでできなければばならないことを意味する。

それには、すべてが商品であることが不可欠の条件となる。どんな物をつくるにも欠かせないのが人間のはたらく力である。これ以外のほとんどの物は遠い昔から商品として流通してきた。商品となっていないのは、つまり、売り買いができないのは人間のはたらく力だけであることに気がついた。人間のはたらく力の商品化は、商人のどうしてもやらねばならない課題となった。

はたらく力の商品化の一番の対象は人為のむらのむらびとであった。そのむらびとの先祖のムラびとは、すくなくとも一万年以上も前から土地と結びつき、農業中心の社会的分業を営んでいた。そのムラびとは、紀元前三〇〇〇年ころより国王などの権力者に私物化、餌食化され、そのムラびとの子孫の人為のむらのむらびとは土地に縛り付けられずっと身動きのとれないほどきびしい管理下にあった。

このような中で、むらびとをはたらき手に求めても、そう簡単に集められるものではない。必要な時に必要な数のはたらき手を調達するには、まず、むらびとが長年なじんできた土地とむらびとの結びつきを断つ必要がある。

このことは、国王や皇帝、その手下の諸侯貴族、さらに教会や寺社の支配からむらびとを完全に開放するという天と地をひっくり返すに等しい大しごとである。

はたらく力の商品化の実現は、それまでのむらの社会的分業のやり方とは、まったく異なる中身と方法のものにするために欠かせないことだけに人類史上、空前の大革命の名にふさわしいものであった。

むらびとのはたらく力の商品化は、むらを分解し潰しむらびとを自らのはたらく力の外には何も持たない人間にすることから始まる。当然、むらびとが、世のいかなる権力などの束縛からも解放され自分のはたらく力を自由に売り欲望をかなえることができる人間となることである。

いまも地球上で拡大しつづけるはたらく力の商品化というものは、ある日突然に形づくられたものではない。儲かることならどんなことにも挑戦する商人たちの主導によって、成し遂げられてきたものである。それには、四つの革命といくつもの世紀を要している。

これらの革命を成功させた基は、もちろん商人たちの力である。その力は富である。すなわちお金の力ということになる。

(2)　新しい儲けのための四つの革命

①　商業革命

金儲けのためには、商人たちは、どんな相手であろうとどんな商品であろうと選り好みをせず、その上、手段を選ばなかった。すでに述べたように、国王や皇帝たちがその主な相手であった。求めに応じていかなる物でも商った。とにかく、安く買って高く売ることができればそれでよかった。

ところが、一三世紀末、小アジアの地にオスマン帝国が勃興して東西交易がじゃまされた。東洋の珍宝珍品が手に入らなくなったので、その新しい商路を探した。商人たちはいのちをかけての商路開拓の冒険を支えた。一五世紀末のポルトガル、スペイン両国による新大陸の発見やインド航路発見（ガマ）そして、世界一周（マジェラン）などの地理上の発見はまさに商人の金儲け至上の心、どこまでもの利己心の結果であったと言えよう。

この発見によって、ヨーロッパの商人たちは、地球上のいずこからも王侯貴族、教会、騎士などのよろこびそうなものを、安く買い、すでに力を失い傾きかけていた彼らに思いきり高く売りつけ大儲けのできる商業革命を起こしたのである。これは、はたらく力の商品化の実現に欠かせない商人の力を蓄える第一の革命であった。

② 農業革命

商人は元来、国王や皇帝が贅沢三昧をするための物資調達係であった。そのため商人は、権力者のための便益品づくりの職人と同じく世のだれよりも自由の活動が許されていた。

このことにより、早くから、商人たちは自由と進取の気性を養い、とくに商いに関しては自由な発想と儲かることであればどんなことにも手を出す積極性を身上とする人間になっていた。

したがって、儲かることであれば農業の分野といえども、彼らにとっては例外ではなかった。

人類はムラをつくり社会的分業による農耕と牧畜で自給自足の生活を一万年以上もつづけてきた。そんな食べるためにつくる農業を売るためにつくる商業的農業に世界に先駆けて変革させたのは、イギリスの商人たちであった。

この商業的農業は、むらびとを土地から追い出しはたらく力しか持たない人間にする上で、つまり、むらびとのはたらく力の商品化に欠かせない大事な一つであった。そのむらびとを土地から追い出すことが、いわゆるエンクロージャー（囲い込み）と呼ばれる農業革命である。

これは、第一次（一五世紀末から一七世紀中ごろ）と第二次（一八世紀初から一九世紀中ごろ）の二度、行われた。

第一次は前述した毛（羊）織物の販売のため、第二次は、人口増加に対する食糧増産とその販売のためであった。第二次は法律で強行された。第一次では、むらびとを土地から追い出し、その土地に羊が飼われ、また第二次では、小麦などの作物の栽培が大規模になされたのである。イギリスはヨーロッパの大部分と同じく休耕農業の地であり、一一世紀ころから、農地の一部を休耕地とする三圃式農法をつづけてきた。

この農法を、地主的商人、つまり、商人といえる人間が、ノーフォーク式四種輪作制（小麦→カブ→大麦→クローバーの輪作）へと変えたのである。この食料増産農法が第二次の農業革命の成功に果たした役割はきわめて大なるものがあった。

この結果、イギリスでは、人為（行政）のむらがなくなり、従来の人為的社会的分業はすがたを消すことになった。

むらで住めなくなったむらびとの多くはどこへ行ったのであろうか。多くは失業し、食べることを求めて都会にたむろし、また、浮浪人となり全国をさまよった。そのため、治安は乱れ、一時的に人口減少となった。

多くのむらびとは生きるよりどころのむらの土地から、完全に追放されたので死ぬ自由を手にしたわけである。しかし、死を選ばなかった。生きるために、必死で糊口の道をさがした。彼らは、何も持たず、身一つで商品を安く買って高く売り儲けをする商人のすがたを長い間見つめてきた。

だれもが商人になることはできないが、自由に売り買いで生きる商人的人間になることに憧れた。売り買いのできるものは何か、唯一残されたものが自らのはたらく力である。これを商品にすればいいことを発見したのである。

③　市民革命

商人たちによってつくり出されたといえるはたらく力の商品化は、万人を「安く買って高く売る」商人型の人間にした。その結果、万人の生きる方法は二種類になった。このことはすでに述べたところであるが、大切なことなのでくり返しておく。

その一つは、利己的で冒険心に富むものである。自らのはたらく力を売り、それを担保に借銭し、そして、それを元手に他人のはたらく力やそれによってつくり出された生産手段をできるだけ安く買い、それらをもって社会に必要であろうと思われる商品（物やサービス）をつくり、それを高く売り儲けようとするものである。

その二つは、あまり欲張らない堅実を宗とするものである。それは、自らのはたらく力を右の商品づくりの者に高く売り、その代金で右のものたちが作った物やサービスの商品をできるだけ安く買い、それを消費し、自らのはたらく力を再生産させ、つまり、はたらく力商品づくりをし、それをくり返し高く売り儲けようとするものである。

この両者に共通して必要不可欠のことは、はたらく力商品の売り買いである。そして、このことをスムーズにさせる大前提となるのがその売り買いが自由かつ平等に行われることである。つまり、だれにはたらく力を売るか、だれからはたらく力を買うか、そして、いかなる商品をつくるかなどの自由や平等が保障され、また、はたらく力商品の値段、価値が自由、平等の競争原理に基づく売り買い（需要と供給の関係）で一物一価のかたちに決まっていくことが保障されることが欠かせないということである。いってみれば、いわゆる職業選択の自由や売り買いの自由が徹底して保障されなければならないということである。

この自由と平等は商人たちや大多数のむらびとにとっては、生きるためには絶対手にしなければならないことがらであった。

しかし、国王や皇帝にとっては、勝手なことと映り、許せば自らの生命線にかかわることなので、きびしく禁じた。これが世に言う綻びつづけるむらとむらびとの私物化、餌食化に対する引き締めを行った一六世紀から一八世紀にかけての封建反動である。

このことが顕著だったのがフランスである。イギリスでは絶対主義がおこり、よく似たことがプロイセン（プロシア王国）、ロシアでも引き起こされた。

国王や皇帝は残る力をふりしぼり商人やむらびとの自由、平等の叫びを封じ込めようと立ちはだかった。しかし、これをねじふせたのが市民革命であった。これは、はたらく力の商品化への第三の革命である。

市民革命の世界の先駆けとなるのがイギリスの清教徒革命（一六四二―六〇）、名誉革命（一六八八）であった。市民革命の典型とされるのがフランス革命（一七八九―九五）とすこし前のアメリカ独立革命（一七七六）である。多くの市民やむらびとは自由と平等のために血を流し尊いいのちまでをも犠牲にした。

④ 産業革命

元来、商人のしごとは、基本的に、だれがどのようにしてつくったかわからない物やむらびとが手づくりした物を安く買って高く売りその差益を儲けとするものである。

イギリスの商人たちはすでに述べたように、この商人の行為の中に、人を雇って（はたらく力を買い入れて）、売るための商品づくりを取り入れた。このことが産業革命というものである。

このことがむらの物づくりを世界の商品づくりに変え、人間のはたらく力を商品に変え、物やサービス商品づくりもはたらく力商品づくりも、ともに商品による商品づくりといえるものにした。この「商品を買い商品をつくって売る」方法は、世界のむらびとのはたらき方を大きく変化させていくことになるのである。

イギリスにはじまったこの革命的な商品づくりが、世界に伝わるにつれて世界のはたらく力は商品化されつづけてきたわけである。しかし、まだ世界はそれでおおいつくされてはおらず、その残された地域で商品化はつづいている。

イギリスで最初にとり組んだ商品づくりは毛（羊）織物製品であったが、うまくいかなかった。産業革命を本格化させることができたのは、綿糸づくりによる綿織物の生産であった。

これを可能にしたのは次のことが考えられる。

まず、何も持たない多くのはたらき手がいたこと、つまり、はたらく力の商品化がすすんでいたこと、原料の綿花が確保できたこと、紡績と織布の機械の発明、動力源と動力機の発明、そして、これらをつくる工作機の発明がなされていたこと、さらに交通機関の発達などを挙げることができる。

一八世紀の後半から始ったこのような商品づくりの方法は、その他の産業にも及び、イギリスは「世界の工場」になったのである。

はたらく力の商品化による商品づくりの目的は、万人が等しく生きるためであるが、企業者の直接のその動機はもちろん儲けることである。そのためには生産性を上げなければならない。その有効な手段は「分業」division of labor、すなわち、作業の細分化である。

作業をできるだけ細かな部分に分け、それをはたらき手に分担させることである。この方法は、アダム＝スミスが著作、『国富論』の冒頭で力説したものだが、作業を細かく分ければ分けるほどはたらき手は多く要ることになる。しかし、はたらき手の数にも限界があり、その難点をカバーしたのが機械化、技術革新のイノベーションであった。

ここで考えておくべきことは、生産性向上策の「分業」と機械化とはほぼ同義語で等価の関係にあるということである。それは、単純に計算して分業で使われるはたらき手の数が機械の使用で節約されることになる。はたらく力商品の数では異なるところがないからである。

3　はたらく力の社会的振り分けの原理

(1)　万人の欲望の全開

人間が生きていくために、絶対無くてはならないのが衣、食、住に関わる物づくりである。この物づくりが、一八世紀の後半から、「商品を買い商品をつくって売る」というやり方、いわゆる商品づくりに変わり、だんだんと世界に広がっていったことは、すでに述べたところである。

これは、権力者の出現の時より長くつづいてきた商人の儲けの方法であった「安く買って高く売る」の間に物をつくるという人間のはたらく力が商品として挿入されたものである。人間の物をつくるという太古よりの行為がこの時を以て、すべて商品の売り買いという商人的手法によって行われることになったわけである。

この新しい商品づくりを順調に進ませるには、つくる主体の人間のはたらく力の売り買いが、世界すなわち、社会のいずこでも、自由に、そして、平等なかたちでできなければならないことになった。この必要から生み出されたのが人間のはたらく力の商品化である。

遠い昔から、人間のはたらく力以外のいかなるものも売り買いのできる商品として扱われていたことは、貝、家畜、穀物、布、塩などが貨幣として使われていたことから分かる。しかし、人間のはたらく力だけは、原則、売り買いのできる商品とはなっていなかったのである。

人間のはたらく力が商品化することによって、人間のはたらく力商品づくりもまた、この商品づくりに無くてはならない、物やサービスの商品づくりもともに、この新しい商品づくり「商品を買い、商品をつくって売る」の流れの中で行われることになったのである。したがって、この新しい商品づくりは、われわれ人間の生きるための唯一のよりどころになったわけである。

万人の万人による万人のための商品づくりとも言えるこの新しい商品づくりがなぜ、人類史上に登場するに至ったのか、その理由はすでに述べたことではあるが、確認する意味で述べておくと、それは、数千年以上にもわたる権力者の私物化、餌食化から脱し、万人がどこまでも平等にどこまでも自由に、どこまでもの儲けの夢を実現させ人間らしく生きることを切望したためである。このことは、商人から学んだこととは言え、まさに、万人の欲望の全開のなせる業ということになる。

(2) 価格競争

人間のはたらく力の商品化によって「商品を買い商品をつくって売る」新しい商品づくりが始まり、万人がこのことによって暮らしていくことになった。そのためわれわれ人間のはたらき方が二種類になった。万人がそのどちらかを選択しなければならなくなったわけで、このことは、大まかな言い方となるが職業選択の自由の始まりである。

さて、このこともすでに述べたことであるが、その一つのはたらき方は、自らのはたらく力商品を売って、その代金を以て多くは、それを担保に借金して「商品を買い物やサービスの商品をつくって売る」ことを主宰し儲け生きていこうとするものである。その二つのそれはこの企ての商品づくりに、自らのはたらく力商品を売り、そこではたらき、得た賃金を以て必要な商品を買い消費してはたらく力商品をつくりつづけようとするものである。

ところで、この新しい商品づくり、すなわち、二つのはたらき方で、万人がよく守らなければならないことは、一体、何であろうか。それは、公正で、商品を安く買って高く売ることは許されないことになる。とくに、商品づくりの主体であるはたらく力商品の売り買いにおける公正さはきわめて大事なことで、その値、高すぎても安すぎてもだめということである。

高く売れてよろこんではいけない。はたらく力商品が高いということは「商品を買い商品をつくって売る」その正常な流れを防げることになり、また安く買われることは、暮しのできない人、生きることができない人を多く生み出すことになるからである。そうならないためには、一物一価の法則、等価交換の原則が貫かれることが欠かせないことになる。もちろん、他の物やサービスの商品の場合もこの公正が要請されるのは同様である。

これらの法則、原則の機能がはたらき商品売買の正、不正、すなわち、公正をチェックし訂正できるものは何であろうか、それは万人の知恵としてまた万人の総意として考え出された万人の自由と平等の原則に基づく競争原理、すなわち、市場における価格競争である。当然、競争である以上、そこには勝敗がある。その勝ちは正となり売れることであり、敗は不正となり売れないことである。物やサービスの商品づくりで売れなければ、その商品づくりは断念しなければならない。つまり、倒産を余儀なくされる。はたらく力商品の場合は売れなければ失業が待つ。すなわち、食べていけなくなる。このように訂正を受けることになる。

競争に勝つには、だれよりも商品を安く買うことがベスト。安く買うことができれば、それだけ、売り値を安くでき価格競争に勝つ。もちろん高く売れるに越したことはない。しかし、現実には、高売りで儲けができるのは不正によるが、競争相手がいない間か、または、市場の独占という邪悪をしない限り不可能なことである。したがって、競争に勝つための正道は実際は安買い安売りというか、一物一価の法則、等価交換の原則に則る公正な価格による価格競争のすがたとなる。

(3) 倒産

いま述べたように自由で平等な原則に基づく価格競争は、必ず勝敗のあるきびしいものである。一つは倒産であり、もう一つは、この世の儲けを限りなくゼロに近づけるものでる。このゼロとは、万人が食べていけなくなるという意味ではない。すでに述べた一物一価の法則、等価交換の原則が貫徹して、二種類のはたらき方の双方の人間、すなわち、万人の収入が均等化することである。つまり、均等以上の余分の儲けができなくなり、万人、自らのはたらく力商品の価格、値打だけのものが収入となることである。これまで、多くの儲けを手にしていた一部の人には、きびしいことになる。しかし、このきびしさが、その他大多数の人には、しあわせをもたらすことになるわけである。

ここでは倒産を中心に述べることになる。

「商品を買い商品をつくって売る」はたらき方の一方の物やサービスの商品づくりでの価格競争で儲けが少なくなれば、それを増やすためにリストラ、スクラップ・アンド・ビルドなどをこころみ、さらに、カルテル、トラスト、コンツェルンと手段を選ばぬ。それでもどうしても採算がとれなくなれば、当然、倒産の憂き目を見ることになる。

原則的に、採算ぎりぎりの線が、世界、すなわち、社会の需要の限界であり、その必要と思われる商品づくりの境目、これを超えた商品の供給は、社会の不必要な商品づくりとなる。このことを示すサインが売れないことだが、それを無視しつづける商品づくりは、合理を至上とするはたらく力商品による社会的分業の無駄、不正として必ず倒産することになる。これは、だれがするのでもなく人情のわりこむ隙はない。万人のいのちの唯一のよりどころの社会的分業の道理が下す制裁と見なさなければならない。

ある経済研究所発行の書物によると、わが国には資本金一〇〇〇万円以上の企業が六六万社をすこし上回る数があり、最近ではそのうち三五〇〇社程度が毎年倒産に追い込まれているようである。倒産を世界全体でみれば、どの程度の数にのぼるであろうか。多分、想像を超える数となろう。

ところで、倒産が示すある商品のつくり過ぎは、世界、すなわち、社会全体から見れば、限られたはたらく力商品や物やサービスの商品の浪費であり、その分、必ず一方に社会的に必要とする商品、つまり、万人が消費するための商品の不足を生み出すことになる。この危機をどうするか、それは、その不足する商品づくりへの挑戦が救済することになる。この企てに雇われて、つまり、はたらく力商品を買われてはたらくことになるのが倒産によって失業したはたらく力商品の持ち主である。

もちろん、その失業したはたらく力商品の売り先はこれだけではなく利己心と冒険心で新規に物やサービスの商品づくりに挑戦する企業もある。ちなみに、わが国のこのような挑戦企業の数は毎年六万社ほどあるといわれている。世界的にみればこの新規企業の数も相当のものとなろう。

以上のことは、倒産と新たな商品づくり、そして、失業と再就職ということばで括ることができるのでないかと思う。このことは、はたらく力の社会的振り分けという視点で見れば、まさに、世界すなわち社会の必要でなくなった商品づくりからその必要な商品づくりへのはたらく力商品の移動、つまり、社会の必要とするしごとへのはたらく力の振り分けを行っていることになろう。

もちろん、既存の商品づくりにおける生産量の増減や生産品類の変更などによるはたらく力の社会的振り分けもあるが、全体的に見れば微々たるものと言える。まだまだ国家中心の経済なので倒産しそうな企業を救済する国家資金の援助システムなどがあり、自由・平等の原則に基づく価格競争がより公正なかたちで展開されているとは言い難い状況がつづいている。

まとめてみると、倒産は価格競争がもたらす必要悪である。倒産の憂き目を見、失業の苦しみを味わうという意味では悪、しかし、皮肉にも、はたらく力の社会的振り分けにとっては、つまり、万人が衣、食、住に足りて人間らしい生活を享受することにとっては、なくてはならないことである。したがって、必要悪と表現することになる。

4　儲けについて

(1)　利潤とは何か

万人、だれもが最も関心のあることといえば儲けの欲望であろう。

自らのはたらく力を商品として売る人は楽をして、その値段、賃金などの収入がどこまでも多くなることを常に望んでいる。

また、自らのはたらく力商品を高く売りそれを担保に借銭し社会の必要とする商品づくりをこころみる人はできる限りの大きい儲けをこころざす。この人の儲けのことを一般に利潤と呼ぶ。利潤は「売上高から、その売り上げに要した賃金、地代、利子、原料費などの全費用を控除した額」と説明されている。

ところで売上高とは消費者が支払った金額である。消費者とは、はたらく力商品を持ちそれを売った人間つまり、すべての人間である。基本的に、万人のはたらく力商品の値打ち、値段が同一であること、売り値と買い値の一致が普遍妥当なこと、これが世の真理であるのにもかかわらず、その差額である利潤部分を一体全体だれが支払っているのかということになる。

右の利潤の説明は「安く買って高く売る」ことによって生じる差益と同義である。もしも安く売る人や高く買う人がなければ差益は出ないことになろう。

第一、だれもが等価交換をすることが原則だから商品の売り買いの差はゼロになる。

どう考えてみても、右の説明ほど辻つまが合わぬ話はない。世の中にそっと利潤を差し出すそんな奇特な人間などいるはずはない。

考えれば考えるほど、利潤についての世の説明というかその定義というものはあやしくなる。あらためて調べてみても、これまでの経済学は未だに肝心要の利潤とは何かについて説は掲げているが正しい答は見つけ出していないようである。

賃金は労働に対する報酬、地代は土地用役に対する報酬、利子は資本に対する報酬とされている。では、利潤、すなわち、企業者の儲けは、何に対する報酬といえるのか、一体どう考えているのか、このことについて五つほどの説がある。話を進める必要上、一応それらの概略を述べておこう。

その一は、暗黙的要素収益説、これは生産要素への報酬とみなされるもの、企業者本人の労働に対する報酬、本人所有の資本用役に対する報酬の利子、本人所有の土地用役に対する報酬の地代、すなわち、この説は本人所有の生産要素（生産手段）に対するものと考える説。

その二は、独占説、生産要素の労働、資本、土地が自然に、もしくは人為的に制限されることから生じるとする説。

その三は、新機軸説、企業者の新しい商品の導入、新しい生産方法の開発、新しい市場や生産要素の供給源の開拓、新しい経営方法の考案など企業者の創意工夫から生じると考える説。その新機軸はやがて、まねられ追いつかれる。したがってその利潤は一時的で期限付きとなる。

その四は、危険負担説、企業者は常に、さまざまな危険にさらされているので、これに対する高い報酬が与えられなければならない、その報酬が利潤とする説。

その五は、いわゆる、マルクスの剰余価値説（『資本論』大月書店、第一巻第一分冊、第一部第三篇、絶対的剰余価値の生産）、すなわち、人間は、だれも一日はたらけば生きることができて、その上いくばくかの剰余、すなわち、剰余価値を生産する能力があるとする考え方に基づき、その剰余価値が転化したのが利潤であるとする説。

これらのどれも、理に叶っていて納得させるものはない。

利潤を含む経済上のことを考える上で大切なことは、次のことがらである。その一はこの世の商品はすべて人の手、はたらく力が加えられたものであるということ。その二は、だれも自分のはたらく力では生きていけないため、みんなのはたらく力を振り分ける社会的分業という方法で辛うじて生きることができているということ。その三は、社会的分業の成否のかぎを握るのは、はたらく力商品であり、その値段が一物一価の法則で貫かれ、均等化されなければならないということである。そうでなければ社会的分業は成立できない。これらを考え合わせる時、どうも利潤などの生まれる余地などなくなるのである。

すでに述べたように、万人が行えば、成り立たない「安く買って高く売る」商品づくりをたとえば、はたらく力商品の値段(給料)に差をつけ、生産や販売の独占などを一部の人間がやっているから差益、すなわち、利潤と呼ばれるものを生じさせているわけである。このことを以て、利潤、利益、儲けは存在するもの、万人、だれもが努力次第で手にできるものと思いこませることは真実でも正しいこととも言えない。差を信じることは不正であり妄想である。

だから、すべての差、すなわち、能力差、学力差などの人間的差、そして、賃金、収入地位などの社会的差などを当り前のこととしてとにかく差を尊ぶ差別化至上主義をはびこらせているのである。このことは、また、他を思いやる心のかけらもない、等しきを憎む不毛の精神を社会の中でどんどん生むことになっている。

原理論で定義づけなければならない利潤というものは世俗の常識とは違い限りなくイリュージョン、まぼろしに近いもの、本当はゼロと考えるのが至当なことのようである。

元来、利潤というものは社会的分業を円滑に行っていくために必要な経費を万人が分担しているもの、すなわち、人頭税のようなものということになるのではなかろうか。したがって、この考えに立てば、利潤率ということも空虚な響きのことばとなる。本来はその社会的経費というべきものの万人の負担率と考えるほうが辻つまが合うような気がする。

(2) 利潤の限りなくゼロに近づく日

① こんな日の来ることを信じられますか。

信じられない、利潤は永遠だ。見よ、わたしは、現にたくさんの利潤を手にしている。これは正当な当然の利益、儲けであると言い張るのなら、それは商品の中でも特に、はたらく力商品を法外な安い値で買い、それでつくった商品を高く売って利益を得ているからであろう。その人は、「安く買って高く売る」という商人的不等価交換、つまり、不正をして儲けをしていることに、まったく気づいていないせいである。知らないということは恐ろしい。この罪万死に値することを、知らぬが仏でいられるとは。

はたらく力商品を高く売るということは高く買うということであり、このことはきわめてまれな例なのでここでは取り上げないことにする。

さて、世の社会的分業の主役であるはたらく力商品を安く買うことは、それを買われる人は自らのはたらく力商品を安く売ることである。安くとは何とくらべてか、それは、それを買う人や他の売る人のはたらく力商品の価値、値段より安くという意味である。これでははたらく力商品は一物一価とは言えない。

それも世の中の大部分の人のはたらく力商品が安く買われるとなると、その人たちの購買力は減ることになる。本来なら買えるものが買えなくなる。その上他人のはたらく力商品を買い商品づくりをする人が市場を独占しそのつくった商品を「高く売る」ことがまかり通ることになれば、世の大部分の人は少ない購買力で高いものを買わされつづけることになるわけだから耐えられなくなる。このような一方の物やサービスの商品づくりに関わるはたらき方が得をして他方のはたらく力商品づくりのはたらき方が損をする方程式は成り立たないのがはたらく力の商品化による社会的分業の社会なのである。

ところで他人のはたらく力商品を買い社会の必要と思われる物やサービスの商品づくりをするはたらき方を選択した人間は、原則として、自らのはたらく力商品を売り、それを担保にしなければならない。たとえば、ごく単純な例として一〇人の他人のはたらく力商品を買い商品づくりをするとすれば、一〇人に支払う金額は自分のはたらく力商品の値段の原則、一〇倍でなければならない。

そして、購入する機械や原料などの生産手段は一〇〇人分のはたらく力商品の投下、結晶したものとすれば、それには、自らのはたらく力商品の値段の一〇〇倍支払うことになる。これらを用いつくられた商品の値段は、企業者自らのはたらく力商品の値段プラスその一一〇倍のものとなる。

もちろん、これをそっくり自分の儲けとするわけにはいかない。通常、担保して借金したものは公正な金銭処理のもと正直に返済しなければならないが一度にということはできず、当然、長期、分割の返済となる。

信義誠実に返済し終えたとき何が残るか、それは、企業者が借銭の担保とした自らのはたらく力商品の値段分になる。そこには利潤はない。これが、物やサービスの商品が等価交換され、とくにはたらく力商品が一物一価の法則によって貫かれたすがたなのである。つまり、儲けがゼロに限りなく近づいたかたちである。

これとは反対に、この一〇人の他人のはたらく力商品を五〇%安く買ったとする。このことによって企業者は自らのはたらく力商品の値段の五〇倍が儲けとなり、一方、はたらく力商品を売った人のはたらく力商品は五〇%の値段減、つまり、賃金五割カットとなる。これは本来カットすべきでないところをカットしたわけで、明らかに不等価交換、企業者の不正である。この儲けを以てすれば、価格競争に勝つため、平均以下の安売りができるわけで、公正であるべき価格競争をかく乱する。また、倒産すべきものでも延命させ、社会全体として何がつくり過ぎで、何がその不足かを見えなくする。さらにこのことは、はたらく力の社会的振り分けに欠かせない商品づくりの新規挑戦をも出来なくすることになる。

現下は、これらに限りなく近く独占力のある業界を代表する企業は一国の経済成長を支える大切なリーディングカンパニーと称えられ、政府の手厚い保護と援助のもとに安いはたらく力商品を求め海外で自らの得手とする商品をどんどんつくり儲けている。このような金銭的欲望を満たすため作為的にどこまでもの需要をつくり出し､安いはたらく力商品を買ってする商品づくりによる利益の独占は、なによりも一物一価の法則と等価交換の原則が守られていないことの証明である。

このことは、また、世の商品づくりが特定の儲かりそうな物やサービスの商品に片寄っていることを示すものであり、これまでに述べてきたことから分かることだが、万人の必要とするものが、過不足なくつくられていないこと、すなわち、社会の人々のはたらく力の社会的振り分けが必要に応じ万遍なく行われていないというきわめて由々しきことなのである。

はたらく力商品を安く買うということが、唯一、企業に儲けをさせているものであり、このことが、また、人々の間に貧富の差を生みつづけている最大の要因なのである。つまり、このことが世の中に職に就けず、失業し、食べていくことができない人を、はたらく力を安く売らざるを得ない人を多くつくり出しつづけていることになる。このようにはたらく力商品の安買いがつづく間は、利潤の限りなくゼロに近づく日は遠い話になろう。

② 垣根の中の経済

利潤を限りなくゼロに近づけることを妨げているのは、はたらく力商品の安買いである。つまり、世界の人々のはたらく力の商品化が限りなく一〇〇%に近づいていないことである。要するに、このことは世界の人々のはたらく力の商品化が限りなく一〇〇%に近づけばはたらく力商品の安買いはできなくなりこの世から利潤というものはなくなるということになる。

時に、ここで、はたらく力の商品化には二つの意味があったことを思い起こしてほしい。一つは、はたらく力が商品となること、もう一つは、その値段が一物一価の法則に支配され均一化されることである。

ところで、地球上のはたらく力の商品化が限りなく一〇〇％に近づくことを妨害し、はたらく力商品の安買いを許しつづけているのが、ほかならぬ世界の国家の国益至上主義の体制である。

つまり、それはそれぞれの国家が、自らの垣根を高くし自国の企業を保護援助し、その生産性を向上させ、オリンピックの経済版ともいえる国際経済競争に勝たせ、経済成長を図り自国の富の増大のみにあくまでも、血眼になる政治経済のしくみということになる。具体的に言えば、元凶はその競争のあり方にある。本来の企業中心の価格競争とは大きくちがい、国別の勝敗であり、さらに自国のどこまでもの勝ちの固定化をねらうものである。この歪んだ性格が敗れた国やはたらく力の商品化途上国のはたらく力の商品化を遅らせ、地球全体のその限りなく一〇〇％に近づくことを邪魔しつづけているのである。

加えて言えば、この体制、すなわち、その政治経済のしくみは、政策の公平性をうたいながらも近代社会の二つのはたらき方の一方のはたらく力商品づくりを犠牲にして、つまり、はたらく力商品を安売りさせて、もう一方の物やサービスの商品づくりのはたらき方を、なかんずく、先述のリーディングカンパニーの商品づくりを公然と優遇するものであり、このことは、世の不正の最たる利潤を温存させ特定の人間のどこまでもの富の独占を黙認しつづけるものといえよう。

このことは、尤もなこと、当り前のことと考えている人も多いかもしれないが、一将、つまり、リーディングカンパニー富得れば、その富万人潤すというようなケインズ流の富の循環の考え方など成り立つわけがなく、またその富がことごとく循環し貧しき人々をはじめ万人に等しく分け与えられたというような話などこれまでに聞いたことはない。

富の循環の考えなどは、どう考えてみても勝手な屁理屈としかいいようがなく、万人が等しく潤うためにははたらく力商品の一物一価の実現しかないことにだれもが早く気づかなければならない。

このような国益至上の国家の体制こそが、すでに三〇〇年近く前に始まった万人が生きるために世界を一つにし、さらに、はたらく力を商品にしてまで、その社会的振り分けを行なおうとする社会的分業の道理に最も反することなのである。

いまも述べたように、いまある世界のほとんどの国家、すなわち、垣根というものは、その国内の一将ともいえるほんの一部の人間の儲けのための根城になっているといっても過言ではあるまい。この国家、垣根は、従来の時代区分でいえば、古代、中世、近世までの権力者が自らの都合のいい根城としてつくり上げたものをそっくり引き継いだかたちのものであり、はたらく力の商品化による社会的分業の近代社会に生きるほとんどの人間にとっては、きわめて都合の悪いものとなっているのである。

都合が悪いとは、伝統や習慣や宗教のみならず、垣根というかたちがあるために、世界を一つとする中で、万人の自由な交流機能、すなわち、万人が自他のはたらく力商品の自由かつ平等な売り買いが妨げられており、このことによって、いまある国家はだれもが二つのはたらき方のどちらを選び生きるにしてもきわめて生きにくい集団社会となっているという意味である。

このようにかたち的にも機能的にも生きる上で不都合を持つかつてのままの国家では、いくら頑張ってみても人間の集団社会が本来めざすべき貧富の差を無くし、だれもが人間らしい生活を送るという理想が実現できないのは、当然のことである。つくり替えることのできない自然や自然科学の原理、法則とはちがい、人の世のものはすべてつくり直すことができるものなのである。世界中にいまある国家、垣根は壊され、はたらく力の商品化による社会的分業にふさわしい集団社会につくり替えられなければならないことが、日を追うにつれ、だれの目にも明白になりつつある。

③ 壊されつづけている垣根

ふさわしい集団社会をつくるには、まず垣根を取り払わねばならない。それには物理的に力で罪を犯してまでというわけにもいかず、国民投票などの民主的方法でもむつかしく、なかなか有効な手段が見出せないことがわかる。

であるならそんなやっかいな試みは止めようでないか、諦めて現状に甘んじる外仕方がないではないか、という人が大多数を占めることはまちがいあるまい。しかし、諦めてはいけない。このことは万人の貧富の差を無くし、だれもが人間らしく生きることに欠かせない絶対諦めるわけにはいかないことがらなのである。

これから話すことに耳を疑う人も多いかも知れないが、この新たな集団社会づくりに欠かせない第一歩は、いまも述べた国家の境をなくすることである。実は、この国家の解体、すなわち、垣根の取り払いということは、すでに始まっているのである。このことをはっきり示すのが、はたらく力の商品化による社会的分業と交代するかたちで世界のむらが死んだことである。このむらは、すでに述べた権力者によって潰された自然的農業集落のムラが新たな権力者によって人為のむらにされ、そして、私物化餌食化され、崩壊に瀕しながらも近代社会の到来まで一応ずっと、むらびと自身の暮らしと権力者のどこまでもの欲望を何とか支えつづけた唯一の富の生産場所であった。

富の生産場所という生きるよりどころを潰してしまった権力者とその帝国や王国は、自ら水と養分を断ち、枯れてしまった草木にたとえられよう。そのようにむらを失った権力者は、当然、時を移さず自滅した。

だれも知るごとく、草木は枯れてもそのなきがらの枯れ木、枯れ草はすぐには無くならない。それが朽ち果てるには少なからず時を要する。この枯れ木、枯れ草に当たるのが、いまある世界の国家、つまり、その垣根であり、これはかつての権力者の帝国や王国のかたちをそっくり引きつぐものである。権力者の消滅からすれば遅れはするとは言え、その垣根は枯れ木、枯れ草同様かならず朽ち果てる運命にあるのである。わが国だってその例外ではない。

因みに、間違っては困るが、むらの死は農業が無くなったことではない。ところで、むらの話に戻るが、いま右で、むらの死の時をはたらく力の商品化による社会的分業と交代するかたちといかにも同時のごとく述べたが、それは、あくまでも理論上のことであって、世界は近代化したとは言え、現実には、それぞれの国家の個別的な事情によってその実質的な死までには時間の差がある。イギリスのむらは一九世紀のはじめに滅んだが、世界にはいまなお生きているむらもあり、その潰える日、崩壊の時が一律、一斉にならないのが歴史のならい、常である。

イギリスとはちがい、わが国なども、そのならいのごとく、明治の近代化から戦後のしばらくまでは、ぼろぼろになりながらも、むらは村と表記され生き長らえた。その滅びが本格化する契機となるのが戦後の高度経済成長であった。これは、物やサービスの商品づくりが予想を超えての拡大をみせ、多くのはたらく力商品を必要とするものであった。

父ちゃんは出稼ぎに赴き、若い人は、ことごとく、はたらく力商品として村を離れた。村の農業のしごとはじいちゃん、ばあちゃん、母ちゃんの三ちゃん農業になった。それも束の間、母ちゃんも近くの工場や土木工事のはたらく力商品となった。こうして、どの村も人間がいない、つまり、はたらく力のいない村、もうはたらく力をつくり出せない過疎の村となり、そして、限界集落となり、いまやうさぎ追いしかの山、小ブナつりしかの川……と口ずさみ、懐かしんできた村は、いかなる力を用いても再び元のすがたには戻せない全面崩壊の状態となったのである。わが国のむらも完全に死んだのである。

いよいよここからがわが国の垣根の取り払い、崩壊のはじまりとなる。

さて、ここで、はたらく力の商品化による社会的分業についての論述は終りとなる。

それは、人の世の何かを知るための社会科学は、あくまでも占いや予言、予想やイデオロギー的主張、また自然科学の理論とは異なり、過去の歴史的事実や直視できる歴史的現実が対象となるものであるからである。世界のむらの死をもって、わたくしの眼前から考えるべき対象が無くなったのである。論じるためには、新たな歴史の展開を待たねばならない。

それにしても、幸運に思えることは、手にすることができたこれまでの対象についての抽象や総合によって、われわれ人類がめざすべきは何かということを明らかにすることができたことである。すなわち、世界のはたらく力の商品化を限りなく一〇〇％に近づければ、地球上のどこのはたらく力商品もどこまでもの安買いができなくなり、利潤が限りなくゼロに近づかざるを得なくなるということである。

このめざすべきことは、はたらく力の商品化による社会的分業の道理が持つ推進力によって、つまり、法則によって放っといても、すなわち、拱手傍観していても実現されるものと考えることはまちがった認識になるということである。社会科学の法則というものは、人間の手を何も加えなくても結果が出る自然科学の法則とはまったく異なるからである。

めざすべきものが分かればそれに向って目的意識をもつ人間の行動が加わってはじめてそれが実現されるというものであり、つまり、人の世の法則とか原理というものは人間の行動によってはじめて法則が法則になり、原理が原理になるわけである。もしも、放っとけば、その前に人類史は終わってしまったということだって起こりうるわけである。

利潤ゼロの集団社会をつくるのは人の手の外にはないことになる。

Ⅵ　余論

1　国境の中の経済学とその学問の方法

現在もそうであるが、これまでの経済学は残らず、まったく世界に軸足を置くのを忘れた国境の中の経済学であった。国境の中とは自国のことである。つまり、自らの国をどう豊かなものにするか、すなわち、自国の経済成長のための処方箋を書くことが経済学者のしごととされてきたと言うことである。

したがって、すでに、これまでの一国中心の経済が終り本来の世界を一つにする経済が本格化したいまでは、これまでの経済学はほとんどその対応能力を失ってしまっているといっても過言ではなかろう。

ここでは、特に、古典派、マルクス派、歴史学派、ケインズ学派を取り上げ、それらを国境の中の経済学とする所以を述べ、併せて、それぞれの学問の方法についても触れておきたい。

(1)　古典派

古典派の創始者は経済学の祖と称されているアダム＝スミス（一七二三―九〇）である。彼の前に生きたトーマス＝マン（一五七一―一六四一）はイギリスを豊かな国にするために、外国貿易の大切さを『外国貿易によるイギリスの財宝』（一六六四）で訴えた。これは安く買って高く売り利ざやを多くする方法である。また、ウイリアム＝ペテイ（一六二三―一六八七）は王政復古後のイギリス国王の財政再建の方法を示すために『租税貢納論』（一六六二）を書いた。

フランス人、ケネー（一六九四―一七七四）は農業国フランスを豊かにするため『経済表』を書いた。富の唯一の源泉が土地とし国富は農業によって増やすことができると主張した。彼はルイ一五世の侍医でもあった。バックルー侯の教師として、ともに大陸旅行をしたアダム＝スミスは、途中、ベルサイユ宮殿のケネーの居室で彼と親しく学問上の情報の交換をしている。

アダム＝スミスは、イギリスが国富を増大させるには、まず生産性をアップさせることであると考え、その方法として提案したのが「分業論」である。すなわち、作業内での作業の細分化による協業である。労働の分割とも言うことができる。このことを彼は自らの著作『国富論』（一七七六）の第一篇の第一、二、三章で力説した。

労働の分割とは機械化とほぼ同じ意味をもつものと考えることができる。イギリスが一八世紀の半ばすぎ、世界に先駆け、産業革命を起こした。これに欠かせない機械化のための動力源、蒸気機関の発明とその実用化に貢献したのがワット（一七三六―一八一九）であった。

この発明とアダム＝スミスとの間に深いつながりのあったことは、あまり知られていないのではなかろうか。この発明を陰で支えたのが、アダム＝スミスであった。彼がグラスゴー大学の教授の時の一七五六年、大学当局がワットに大学内に仕事場を与え彼を大学御用の数学用具製造人としているが、このことにアダム＝スミスが一役買っていたのはまちがいないことといわれている。この事実がなかったならば多分ワットの世界的一大発明はあり得なかったはずである。

ところで、『国富論』の正式名は『諸国民の富の性質と諸原因に関する―研究』である。ここから、だれも一番に「諸国民」という表現に目が向く。わが国では、かつて、『国富論』を『諸国民の富』と訳すことがなされた程である。

アダム＝スミスが頭の中に描いたのは、世界の国々の富の増進策なのかと思いきや、そうではない。読んでみればわかると思うが、それは、母国イギリスのために書かれた愛国心あふれた処方箋であった。したがってその時のいずれの国家にもあてはまる理論ではなかったことになる。ワットであれ、アダム＝スミスであれ念頭にあったのはひたすらイギリスのことのみであった。

(2) マルクス派

さて、マルクスに目を転じよう。マルクス（一八一八―八三）はエンゲルス（一八二〇―九五）との共作の『共産党宣言』（一八四八）を「万国のプロレタリア団結せよ」のアピールで結び革命への決意を表明した。しかし、一八四八年のフランスとドイツでの革命は失敗した。

このことにより、彼は革命によって共産主義の社会をつくるためには、まず、資本主義とは何か、このしくみを明らかにする必要にせまられた。亡命先のロンドンでの研究の結果、著わしたのが『資本論』である。その第一巻は、一八六七年、自身の手で刊行した。第二、三巻はマルクスの死後、エンゲルスによって、遺稿が整理され発行された。

エンゲルスとの出会いは、一八四四年八月末のパリで、互いの考え方、主義主張があまりにも共通していたので、すぐ両者は生涯にわたる盟友となった。マルクスにとって、エンゲルスは単なる学問上の友とか同志ではなかった。パトロンであった。エンゲルスはイギリスにも工場を持ちドイツで織維工場を共同経営するブルジョアの息子で経済力に恵まれていた。エンゲルスは富者であり、マルクスは貧者であった。エンゲルスは貧乏暮しのマルクスの生活を支えつづけたのである。

前述の革命に敗北しパリを追われたマルクスは、一八四九年八月にロンドンに亡命した。そこで生涯を終えるまでエンゲルスの世話になることとなる。ちょうどその頃、イギリスの資本主義は最盛の時を迎えていた。

そんなイギリスがマルクスの研究の主な対象となったのである。資本主義一般に共通するしくみの究明のつもりが、いつしか、イギリスの資本主義、それも満開に咲きほこったすがた、すなわち、多くの労働者を使うほど資本家は大儲けができることをあきらかにするものに、つまり、儲け（利潤）の原因の何かにばかり目を向けたものになってしまったといえるのである。

マルクスの研究がこのようになった要因は、すでに、Ｖの４の（Ⅰ）「利潤とは何か」で述べた彼の人間のはたらく力についてのまちがった認識である。

すなわち、人間は、本来、一日いっぱいはたらけば自らも生き、家族も養え、さらに剰余まで残すことができるとするものである。

彼は、この剰余部分を剰余価値と呼び、これは、労働者が生産した価値から労働力の価値（賃金）を差し引いた残りであり資本家の儲け、つまり、利潤と考えたのである。（同前、『資本論』第一巻第一部第三篇）

彼の独善は、これだけでなく経済学の方法においてもそうであった。

そもそも経済学は商品経済が支配する近代社会の中で、なぜ人間は生きることができているのか、そのよりどころを明らかにすべきものであろう。だとするならば、まず、商品づくりに欠かせない人間のはたらく力、すなわち、商品の中の最たる商品といえるはたらく力商品の価値規定から始めなければならないはずである。ところがそのことを、マルクスは、人間の欲望を満足させる一般の富としての物的商品で行ったのである。（同前『資本論』第一部、資本の生産過程、第一篇、商品と貨幣、第一章商品）

この学問の方法は、何でもつくれる人間のはたらく力は近代に至ってはじめて商品化したこと、つまり、長い人類史上で近代まで唯一商品化していないものであったこと、そして、この商品化によって商品経済（資本主義経済と言っていいが）が全開し、この上で万人が生きていることを心得ていなかったことを示すものである。人間のはたらく力に対するまちがった認識によって思いついた剰余価値を科学的真理の一大発見と錯覚し、その上、まちがった学問方法で理論展開をこころみたため、『資本論』は人の世の道理に最もそぐわない一書になったと言えるようである。

以上のごとく、資本による剰余価値の生産、つまり、資本家による剰余価値の奪取ばかりに目を向けたといえる見方考え方からは万人が生きるために必要不可欠なはたらく力の社会的振り分けの大切さ、すなわち、社会的分業の道理にまったく気づけなかったのは当然のことである。

したがって、いわゆる分業（協業）と社会的分業の区別があいまいとなり、彼は社会的分業は資本の剰余価値（利潤）をどこまでも求める私的生産の無政府性によって、実現不可能で大して価値あるものとは言えないものとして否定し去ることになったのである。（同前、『資本論』第一部第四篇、第十二章、分業とマニファクチュア）

このような理論を奉じ道理もなければ可能性もない革命のために世界の多くの人間は血を流しいのちを犠牲にした。無理に無理を重ねた結果いくつかの国で革命は実現し、地球上に社会主義国家が誕生した。しかし、それらの国々では、最も大切な人間の生存に欠かせないはたらく力の社会的振り分け、すなわち、社会的分業だけはコンピューターや高等数学を使って経済計画を立てそれを国家の権力を以てしてもできなかった。そのため、それらの国は次々と潰れていったのである。生き残った国はいまもそれができず苦悩を深めつづけている。

万国の労働者が革命を実現させるために書いた理論は、革命にも役立ったとは言えず当時世界で一番豊かなイギリスの労働者のすがたを見つめただけのものとなった。もちろん、イギリスの労働者のためにも何も役立つことはなかった。

マルクスの全生涯をかけた資本主義経済の運動法則を明らかにする研究が何だったのか。結局その研究が、エンゲルスの初めての著作『イギリスにおける労働者階級の状態』（一八四五）の研究—イギリスの労働者の貧しく悲惨な状態を明るい未来とするには労働者階級による社会主義革命の外にはないとの展望を含む—から一歩も出るものではなかったとさえいえるのは、何と皮肉なことだろう。マルクスの研究は人間のはたらく力の認識の誤りでうまくはいかなかったが、ねらいは、イギリスの労働者階級のため、イギリスを社会主義の国にするためのものであったことはまちがいのないことになった。その意味ではイギリス国境の中の経済学といえよう。

(3) 歴史学派

時に、イギリスにくらべてはたらく力の商品化がかなり遅れたドイツから現われたのが、リスト（一七八九—一八四五）であった。彼は、経済学は、アダム＝スミスの説く富の増大の研究ではなく各国民経済の歴史的生成と発展の歴史的研究にありとする歴史学派の先駆者であった。この考え方から彼は『経済学の国民的体系』（一八四一）を書き、ドイツ連邦の経済的後進性から脱却するための方策として関税の統一と保護（産業の）主義を力説した。

(4) ケインズ学派

おわりにケインズ（一八八三―一九四六）をとり上げておこう。かつて、イギリスは「世界の工場」となり、世界で一番の金持ちであった。しかし、一八七〇年を境に、アメリカやドイツとの競争に負けはじめ、つくったものが売れなくなり、慢性的失業者が増大し、これが大きな社会問題となった。

このイギリス国内問題解決の処方箋がケインズの『雇用、利子、および貨幣の一般理論』（一九三六）である。ケインズは限界効用説の流れをくむ。消費＝需要はこの世の王様、これがはたらく力商品の価値を決め、物づくり（産業生産）の牽引車となる。こう彼は考えた。この考えを純化させ、生産の大きさは投資と消費からなる有効需要（現実に購買力を有する需要）によって決まるとする有効需要論と、そして、投資の増加は所得や生産量をかけ算的に増やすとする乗数理論と利子率は投資と貯蓄が相等しいところで決まるのではなく、流動性を特質とする貨幣を現金でもつか、または債券、証券でもつかによって決まるとする流動性選好説を描いた。これらの理論をもとに、赤字財政のもとでも、大規模な公共事業（投資）を行えば失業をなくすることができると主張したのである。

これによって、イギリスの失業問題は一時しのぎながらも解決へと向った。

しかしながら人間という生きものは、自分一人のはたらく力では生きていけない。このことは、一人の人間による生産＝消費という方程式は成り立たないことを示す。そのため社会的分業の知恵が生まれたのであり、これでやっと生産＝消費の方程式を保つことができるのである。つまり、辛うじて生きることができていることになる。

社会の必要とする生産を受け持つはたらく力は、工場で思うままにはつくり出せない。逆に勝手に減らすこともできない。それなのに消費（需要）を人為的、政策的に増やしてもそれによってはたらく力を自在につくり出すことはむつかしい。つまり、生産と消費の社会的均衡が保つことなど考えられない。社会的分業の外にわれわれは生きる方法はないのである。

ケインズの成功はイギリスという特殊な国の特定の時期の一回きりのものとさえ言えよう。だから、その後ケインズの説は諸国でこころみられてきたがほとんど成功しているとはいえず、むしろ、後遺症を深くしているといえるのである。

主な経済学派だけをとり上げてみても古典派、歴史学派、マルクス派、ケインズ学派をはじめその他多くに分かれている。研究者の数に至っては無数。これらの学派のすべてが国境の中の経済学である。研究しようとするものは、これらいずれかの学派に所属しないと研究ができにくいという環境にあるので、国境の中の経済学からの脱皮はなかなかむつかしいのが現状といえよう。

終わりにひとこと

今は、不確実の時代、成熟社会、先が見えない時代と騒ぎ立てている。大騒ぎをしても学問にはならない。国境の中の経済学をやっているから、明日が見えない先が見えないと騒がずにおれなくなっているのであろう。

偉そうなことを言うようだが、学問のめざすものは、シンプルなもので、人間はどうして三度のめしを食うことができているのか、これを明らかにすること、そして、その実現に尽きるのではないかと考えている。

人間が生きるためのはたらく力の商品化による社会的分業の時代は、その始まりが一八世紀の半ば過ぎだから、まだ始まったばかりと言えよう。

昆虫にたとえてみれば、さすがに、今は卵とはいえないが、ふ化したばかりの幼虫といえる。これからさなぎとなり、成虫おとなへと変化をとげることになる。おとなになるとは、すくなくとも、世界のほぼすべての人のはたらく力が商品化した段階とわたしは考えている。そして、変態をくり返しこれから何百、何千年と生きつづけるかもしれないのがこの社会的分業である。今、目の前の幼虫を立派で大きいものにするためにどんなに力をこめて解剖、分析しそのための処方箋を書いても、しょせんは幼虫の研究にすぎないのではなかろうか。成体、すなわち、おとなのしくみを明らかにするものとはほど遠いものと言わざるを得ない。

まさに、このことと等しい視点に立つのが国境の中の経済学といえるのではなかろうか

(5) それぞれの学問の方法

ここで、前述の四人の経済学者がとった学問の方法を拝見しておくことにする。

一人目は、アダム＝スミスである。彼の唯一の経済に関する著作は、先述の『国富論』である。そのキーワードは労働である。すなわち、その学問の方法は、労働を中心に据えその他の商品、貨幣、資本、利潤などの事実を総合するかたちをとっている。

彼は来るべき社会（近代）を商業社会、市民社会とつかんでいたようである。ところで、だれも知るとおり、労働と労働力はちがう。労働とは労働力の発揮された状態をいう。

近代社会は、はたらく力の商品化による社会的分業によって人々が生きているわけで、このことを支えるために欠かせないのが労働ではなく、はたらく力、すなわち、労働力である。アダム＝スミスの言う労働を振り分けようとしても、それは人間のエネルギーの具体的に放出させたかたちなので、できない相談となる。

このような労働をいくら総合しても近代社会の経済の全貌を正しくつかむことができなかったのは当然のことである。労働力＝はたらく力なら商品として売り買いできるが、労働はそれができないことがアダム＝スミスには気づけなかったようである。

二人目はリストである。前述の彼の著作の構成を見れば、その学問の方法がわかる。すなわち、緒論（自らの生産力理論の要約）、第一編、歴史（資本主義発達史）、第二編、理論（古典派批判と生産力理論）第三編、学説（経済学史批判）、第四編、政策（後進諸国の保護貿易政策）がその構成である。

彼の生産力理論は、独自の価値論を持たず、批判する古典派、アダム＝スミスの理論にほとんど則るものである。緒論から第三編までは第四編の論拠になるものであり、その学問の方法は、国際社会の中で後進国が生産力、つまり、競争力をつけるには保護主義政策が欠かせないとするもの、学問というよりも政策論に終始したものとなっている。

三人目はマルクスである。その方法は彼の提唱する「社会または歴史的現象の変革の原因を経済組織（生産力・生産関係など）の変化にもとめる」唯物史観《ゆいぶつしかん》（一つの世界観）によるものであった。

したがって、これを下敷にした『資本論』は近代社会の経済組織を人の世の富の商品が資本によって生産され、また、それが資本によって独占されていく仕組みとして描いたものである。すなわち、論述のはじめに商品を据え、それが貨幣を生み、貨幣が資本となって商品生産を行い、生産された商品の一部が利潤となり、それがまた、資本となって資本は大いに蓄積されることになる。このように社会の商品の生産とそれによって生み出される利潤のすべてが資本によって独占されていくわけであり、これは当初の万人が自由と平等の原則に基づき臨んだすがたとはまったく異なり、手直しできない状態にまで変化したものであると説く。これがその中身である。

ところで、この論述を客観的で科学的に正しいものと言い難い最大の要因は、すでに述べたようにマルクスが人間のはたらく力は各自が生きて、その上、余剰まで残すことができるものと認識し、その余剰を利潤の源泉と考えているからである。当然、このことは社会的分業の道理に気づけなかったことの証しであり、この論述に際し、その道理を欠落させた以上、その中身がいま述べたようなものにならざるを得なかったわけである。

すなわち、このこともすでに述べたが、近代資本主義社会をふ化したばかりの幼虫、つまり、いまは未だ、はたらく力の商品化による社会的分業が拡充発展途上にある段階とは捕えられず、成虫に変化（変態）し、失業と貧困を生みつづける手直しできないまでに至った階級的経済組織とつかむことになったのである。そして、それらを生みつづける原因をその資本の蓄積にありと思い込むことになった。そのため、失業、貧困、そして、ブルジョアジーとプロレタリアートの階級などは、プロレタリアートによってその原因を葬り去らない限り、なくならないことを示唆した資本の蓄積の論述をもって、彼自らが出版した第一巻の論を終えたのである。

四人目に登場いただくのがケインズである。その学問の方法は、消費、つまり、人間の限りない欲望というものに目をつけ、この現実的事実から総合を行い自らの経済像をつくり上げるものであった。この方法は、次のような理由から経済学的と言うよりもむしろ政策論と称すべきものであろう。その一つは『資本論』同様で、はたらく力の社会的振り分けなしには人間は生きていけないという社会的分業の道理を欠くものであったからである。その二は彼の経済学研究の直接の動機はイギリスの失業救済をどうするかであったからである。すなわち、彼も近代資本主義をおとなになったものとつかみ、消費、有効需要を増やせば逆に生産が増え、おのずから失業者を減らすことができると考えたことによる。つまり、雇用を増やせば国民の所得は増え国富が増大する。したがって要は、経済成長さえさせれば一人ひとりの懐に富は循環すると読んだのである。

このような彼の考え方に基づく政策は、イギリスをはじめ特定の国家の特定の時期においては一定の効用がみられたが、しかし、現今の国の境をなくし世界を一つにする経済の本格化とともに国家間の貧富の格差をますます拡大させる結果となっており、万人のための世界経済を一段と混迷に陥れるものになっている。

ところで以上のような経済成長政策の考え方を循環の経済学と呼びベストのものと考える人もいるが、いま述べたその結果が示すように小手先であれこれできるほど近代の経済は都合よくできていないことを知るべきであろう。それは、地球上のすべての人間が等しく生きるためにあるのが近代の経済だからである。

2　生産性の向上と経済成長政策

目下、われわれは、戦後の一九五五年ごろから七〇年ごろまで、大体、一五年ほどつづいた高度経済成長の必然的結果といえるデフレの中にいる。

そのため、高度経済成長再びと夢みる人も少なくない。しかし、いつも柳の下にどじょうはおらぬ。政治家や企業家、そして、多くの経済学者までが、デフレからの脱却には、わが国の企業の生産性を向上させ、経済成長させなければならないと策を弄している。

この考え方は、わが国の戦後の高度経済成長は、わが国の経済政策と国民の意思とその力の優秀性で実現できたとする認識から出ているものである。したがって、政策的に再び、必ずやれること、また、やらねばならないこととして、躍起になるわけである。

わたくしは、戦後のそれは、政策にそれほど関係なく、まったく偶然としか言いようがなく、その要因は当時のわが国は、世界の先進国と比べ、たまたま、はたらく力商品の値段、つまり、賃金がたいへん安かったからだと考えている。当然、その背景には農村部でのはたらく力の商品化率が低かったことがあるのはまちがいない。

(1)　生産性の向上

生産とは、「商品を買い商品をつくって売る」二種類の商品づくりのことである。くり返すことになるが、それは、物やサービスの商品づくりとはたらく力商品づくりの二つである。

生産性とは、商品づくりに投入された、はたらく力商品と物やサービスの商品の量とつくり出された商品の量との割合で示される。生産性の向上とは、商品づくりに必要なすべての商品をできるだけ安く買い、それを無駄なく使い商品づくりをすることである。

このことは労働の強化によって一定の時間によい商品を安くたくさんつくること、すなわち、労働能率を上げることである。そのためには特にはたらく力商品を安く買うことが欠かせないことになる。このことは、これまでの経験上、儲けを大きく左右してきたことだけに物やサービスの商品づくりを行う人間はその安買いに血眼になる。

ここで生産性の向上を考える上で、たいせつなことを二つ指摘しておきたい。

その一つは以上の説明は物やサービスの商品づくりの生産性の向上をイメージしたものである。生産性の向上はこれでおしまいではない。はたらく力商品づくりにも及ぶことを見落としてはならない。

はたらく力商品づくりの場合も、原則、物やサービスの商品づくりの生産性の向上と変わるところはない。ちがうところは万人、各人の生活の中で行われるところである。すなわち、生活に必要な商品を安く買い、それを消費し生きて、安いはたらく力商品をつくり出すこととなる。

その二つは、生産性の向上とはどこまでもの安売り競争に堪えられることを意味するわけで、この安売りがつづけばどうなるかということになる。それは、どこかでこの競争を止めなければ、はたらく力商品づくりの個人も安売りつづきでは、また、物やサービスの商品づくりの個人も安売りつづきでは採算がとれず食べていけなくなることが起きる。どうすればいいか。

このことを理屈で言えば、世界のそれらの商品の需要と供給が均衡するところで安売り競争は停止し、もろもろの商品の値段が決まるということである。この状態、そのすがたが、一物一価の原則、等価交換の原則が一応、貫徹したことを示すものである。すなわち、万人が人間らしく生きることに欠かせないはたらく力の社会的振り分けが実現されたことを示すものであり、二つの商品づくりのだれもが食べていくことができているすがたとなる。ちなみに、当然、もろもろの商品の値段が決まるといっても、そこで固定されるのではなく、需要と供給は変わり、その値段は上下するのはもちろんのことである。

要するに、生産性の向上というもの、儲けの心によって取り組むわけであるが、どこまでもの儲けを保証するものではないということになる。以上のことを知ることは、我利我利亡者にならず儲けの行いに品性をそえることになるはずである。

(2) 経済成長政策

経済成長とは、一般には、一国の国民所得や国内総生産の伸び率でみた経済成長の割合と定義されているようである。つまり、一国でどれほど儲けをしたかを示すものと言えよう。そして、儲けは、原理的には、不正とも言えなくはないわけで、これを支援しようとするのがその政策ということになる。

地球上のすべての人々、つまり、国籍こそ違う万人が、物やサービスの商品づくりか、それとも、はたらく力商品づくりかのどちらかを選択して、万人の万人に対するかたちの競争、すなわち、世界市場での価格競争の中で、共に、商品づくりをして生きることを原則としている。

このことから考えて国家が経済成長にこだわることほどナンセンスな話はない。経済成長などと言っても、しょせん、国民一人ひとりの儲けの総計に過ぎぬものであり、儲け自体は万人、個人が大いに問題とすべきことがらであって、国家が問題にしなければならない理由などどこにもないはずである。

個人が自己の責任で行う商品づくりを、一国が柵で囲い込みどれだけ儲けをしたかを計算して、国富の増減に大騒ぎをしてどれほどの値打があるというのであろうか。国威を示すにしてもそんなことは時間とお金の甚大な無駄である。

それでも、政治家たちは、国税を使い、労働、厚生などの法整備をして、二つのうちのどちらの商品づくりか、だれをまた、どの企業を保護し支援をしようとしているのか、はっきり示さないまま、とにかく一国の商品づくりの生産性の向上を図り経済成長をさせるのだと気炎を上げているわけである。

本来、一国の経済成長政策などというものは、学問的に議論する値打のないものである。結局、こんな経済成長政策は、やればやるほど地球上のすべての人々、万人が人間らしく生きるための万人の自由と平等の原則に基づく価格競争の原理を歪め、はたらく力の社会的振り分けの順調な進行を邪魔するものだからである。

ところでどうしても早急に一国の垣根、国境を取り払うことができないのであれば、国の政府のやるべきことは、手垢のつきすぎたことばではあるが、「小さな政府」に徹することである。経済成長策ごときに多額の経費を割くべきではない。

国土はいずこの人間が来ても住むことができる程度の整備でいい。商品づくりのためのインフラなどはしなくていい。そんなものは、それぞれの商品づくり自身が汗を流してつくればいいことである。余計なことはせず、財政は最小ぎりぎりで済ませることである。やり方次第で都道府県市町村の地方政府のしごとも、教育も治安のしごとまでも民間の力でやれよう。

やってはならないこと、やってもできないことだが、それでも、経済成長政策をやろうとするのであればその場合、公正なやり方は二つの商品づくりに分け隔てない財政的、法的支援を与えることである。しかし、これはまったく不可能に近く、いずこの国でも特定の有力な商品づくりに有利なように、傾斜注入支援を行ってきたのがこれまでの常套の手段である。これは特定の企業の儲けを増やし一時的には、一国の儲けを押し上げるが、しかし、大多数の国民の財布を潤すことなどない。そのツケは大きくその後長く多くの国民は苦しんできたのがこれまで先進国といわれるすべての国が経験した歴史的事実である。

3　インフレとデフレ

国境がなければインフレ、デフレは起こりにくい。基本的に、これらは、国家間の貧富の調整にすぎないものである。

さて、インフレとデフレは表裏一体のもので、登山にたとえることができる。頂上をめざし、脇目も振らず上へ上へと登る道がインフレ、頂上にたどりつけばその上は大空のなか、道がない。ではどうするか。下るしかない。これがデフレである。

周りの景色は下りの方がよく見える。隣の芝生のたとえのように、隣にそびえる山のすがたかたちはいっそう麗しい。たちまちその山頂への衝動に駆られる。しかし、翼を持たないわれわれは、途中からそこに飛び移れない。その美しい山頂をめざすには、とにかく、ひとたびは、麓まで下りることである。そして、目指す山の登り口に立ちそこから一歩一歩よじ登る外ない。

(1)　インフレ

頂上を目指し山に登るとは、企業と国家の連合チームが安く買って高く売る商品づくりの国家間競争に勝ち進んでいることのたとえである。このことにより何が起きることになるか、金持ち国家となり、その国の物価水準が他国にくらべて継続して上昇することを意味する。

では、物価を上げる主役はだれか、それは、商品の中の商品であるはたらく力商品である。

さて、それでは、一体、はたらく力商品の値段はどうして上がるのかということになる。

それは、他のすべての商品と同様に、はたらく力商品に対する需要と供給の関係による。

世界中のいずれの国でも、自国のはたらく力商品の数には限りがある。欲しいからといってすぐ工場で大量生産できないし、いらないからといって人の手で減らすこともできない。国境があるため欲しいからとて、外国からそう易易と買うこともできない。あくまでも自国内の自然増待ちである。

はたらく力の商品化によって社会的分業を行う時代は、すでに、くり返し述べているようにはたらき方の一つとしてはたらく力を安く買って商品をつくりできるだけ高く売りその差で儲ける営みをいずれの国も他国との競争でやっている。この営み、すなわち、国内での商品生産が拡大されるにつれて、はたらく力商品への需要が増加し必然的に国内のはたらく力商品の数は減少する。減少すればするほど高い値段で買わざるを得なくなる。これがはたらく力商品の供給不足によるはたらく力商品の値段すなわち、賃金の上昇、インフレである。こうなれば国内でつくった商品の値段は高いものとなり外国の商品との価格競争でかならず負ける。

これを避けるために、政府が力を入れるのだが、どんなにしてもこのことだけはうまくいかない。うまくいったためしはない。

価格競争に負けることは企業の採算がとれなくなることである。つまり、企業が倒産することである。

この現象は一国の特定の企業にとどまらずほぼすべての企業に及ぶ。したがって、一国の商品づくり全体が衰退へ向わざるを得なくなるのである。この時点は、はたらく力商品をはじめすべての商品の値段、すなわち、物価水準がピークに達したことを示す。

このことにはもう一つの意味がある。それは、他国とくらべはたらく力商品の値段、賃金がこの上なく高騰し、国内の多くの人々の懐具合がよくなり、金持ち国家になったことの証である。つまり、これ以上、成長できない高度経済成長を成したことでもある。山にたとえれば、それ以上は空となる山の頂上まで登りつめたことになる。

(2) デフレ

さて、デフレであるが、他国との価格競争で勝つためには商品を安くつくるにしくはない。その決定打となるのが国内のはたらく力商品の値段を下げることである。政府はこのことは政治家としてできない。すれば政権も首も飛び、暴動が起ころう。

これには失業や生活費の引き下げなどによって、はたらく力商品の安売りされるのを待つか、外国から安いはたらく力商品を買いいれるかのいずれかである。その安売りを待つのはかなり長い時間を要する。外国からのはたらく力商品の買い入れは先述のごとく国境の壁は高く政府も有効な手は打てない。

とにかく、周りの国々が経済成長しはたらく力商品の値段が周りの国々のそれとあまり差がなくなるまで、つまり、物価水準が均衡を保つまで国民はしごとを分け合い辛抱づよく待たねばならない。そうすれば再び国際競争という土俵に登れることになる。

このことは冒頭で述べたように、下る際に魅せられた麗しい山の登り口に立つことである。登る時はがむしゃらで力もある。しかし、下山のほうは疲れもありいらいら感が強いので危険も多い。排外主義による右傾への誘惑に負けず冷静に安全に下山することは、経済成長を達成した国家、政治、国民の最大の責務である。

これがデフレからの脱却の唯一で最善の方法である。とにかくデフレは儲けをした後の後始末なので取っておきの妙案などあろうはずはない。

まとめ

インフレとデフレは元来国境があるから生じるものである。一国がひとり勝ちを、すなわち、金持でありつづければ周りの国々はどうなるか、飢えつづけなければならなくなる。このことだけはどうしても避けなければならないからである。儲けすぎた国をすこし貧乏にする国家間の貧富の調整なのだから、我慢しなければならないことになる。地球上の万人が生きるための社会的分業の道理が万人に、万国に強制するものの一つがインフレとデフレであると解釈するのが、尤もふさわしいものではなかろうか。

4　欲望の革命史

これまで述べてきたことから、人間の歴史は、欲望に彩られた時の流れ、欲望の歴史とみることができるように思う。

この視点でふり返ってみると、人類はこれまで大きく三つの欲望の革命を経験したことになる。その一つは、絆、いつくしみ、希望、願い、男女の愛などを詰めこんだ欲望によって一万年くらい前、農耕、牧畜によるむらをつくり素朴なかたちながらも社会的分業を始めたことである。

人間の歴史は二五〇万年ほど前のアフリカの、アウストラロピテクス類やジンジャントロプスなどの猿人から始まり、五〇万年くらい前には北京原人などの原人の時代となり、大体二〇万年前からはネアンデルタール人などの旧人の時代であった。四万年くらい前からクロマニヨン人などの新人の時代となる。ムラは彼ら新人の欲望によってつくられたことになる。

人類は四万年くらい前までの長い間、むれで生きていたことからそれまでの時代はむれ社会、ホルドと呼ばれている。生きる手段は自然物の採集、狩猟と漁労で自然の力に左右されその欲望の実現はきわめて限られたものであったと想像できる。

新人の時代からは親類、血族で集団をつくり生きる時代となる。一万年ほど前からは血族だけでなく土地のつながりの地縁的な集団をつくり生きることを始めた。すなわち、定住しムラをつくり農耕、牧畜による社会的分業を始めたのである。

このことによって、万人、だれもが、平均的で安定的な欲望の実現を可能にすることができた。これは人間の欲望にとって、画期的というよりもまさに革命的と呼ぶにふさわしいことであった。これは第一の欲望の革命と称すべきものであろう。

その二つは、特定の人間による欲望の独占の到来である。

本来、人間の欲望はどこまでもということと独占を願うということが本領である。この心自体は、当然、万人に共通する。

農耕と牧畜のムラをつくり社会的分業をするムラびとの中から、欲望の人並以上に強いというよりも、邪悪で狡猾な人間が出た。彼はたくみに手下をつくり、彼らを使いムラとムラびとをおどしたり、すかしたりして私物化した。これは社会的分業の略奪である。そして、彼は、ムラびとを外敵から守り、安心安全を与えるという公約をかかげ、ムラびとがつくり出す富をむりにうばいとり自分ひとりの欲望をかなえることを始めた。これが権力のはじまりである。こんな権力の維持をすなわち、欲望の独占にすぎないことをわれわれは「政治」と呼んでいる。

このような人間が出てきたのは大体紀元前五〇〇〇年くらいからである。ヨーロッパでは一七、八世紀くらいまで、その社会的分業の私物化と富の独占はつづいた。わが国では、紀元前後から始まり一九世紀の中ごろまでつづいた。その人間とは王や公、そして、王の王である皇帝であり、わが国では、天皇、貴族、将軍、大名である。

この時代のほとんどの人間の欲望は権力を握った特定の人間に独占されていた。そのために万人は常に禁欲的に自らを殺しつづけなければ生きることができなかった。すなわち、特定の人間の栄耀栄華をきわめる欲望のための犠牲にされつづけたことになる。このことは人間の欲望の歴史の上で数千年にわたる権力を握った人間の欲望の独占として特筆すべきことがらであり、まさに第二の革命となる。

その三つは、人間の歴史が、はたらく力の商品化による社会的分業の時代にはいり、万人の欲望が全開したことである。

このことが生じることになったのは、万人が権力の私物化餌食化から開放され、はたらき方を大きく変えたことによる。万人が自らのはたらく力を、自由に、平等の立場で、どこまでも高く売りそれを元手に業をはじめ、また、それをそのまま儲けとしてどこまでもの欲望を満たそうとする時代となったからである。

とは言え、万人がひとしく生きるためには、個人のどこまでもの儲けは許されないという掟、すなわち、儲けの平均化を強制する競争がある。これが、万人の欲望の全開、どこまでもの欲望実現の夢を、かなわぬ夢で終らせることになる。

しかし、だれも、このことを悟りたくなく、認めようとするひとは少ない。ひたすら儲けの夢を追いつづける。このことが、近代社会の社会的分業を主導しているのだから、何とも皮肉としか言いようのない話となる。

また、このことが、万人の心と行動のすがたかたちをそんな夢の追いかけにふさわしいものにどんどん変えつづけている。

その善悪はともかく、ざっと言って、利己的で排他的に、競争的で反協調的に、せつな的で感情的に、勝とう目立とう至上主義に、そして、従来あった物事の区別区分や本来の差異までもなくし、その上、意味、呼び方などをも大きく変えていく境界《さかい》なし現象のまん延など、これまでだれも経験したことのない方向へと。

この万人の欲望の全開は、第三の革命となる。

次はどんな革命が待つのだろうか。はたらく力の商品化よりもっとよいはたらく力の社会的振り分けの方法が見つかればいいのだが、どうだろう。

あとがき

ここでは「まえがき」で言い残した次のことを、先ず述べておきたい。

われわれ人間は、自分一人のはたらく力で生きていけない生き物、つまりは、そのはたらく力は自分一人さえ支えられないものである。このことに気付いたのは、一九七〇年代の半ばであった。その契機はこうである。マルクス経済学、すなわち、『資本論』の大前提は、人間のはたらく力を「元来、人間は一日一ぱい働くと一日の生活資料以上のものを生産する力を持っている。……」（『資本論の経済学』宇野弘藏、岩波新書一〇一一一頁）とする判断であるが、このような人間のはたらく力についての判断に対する全面否定からである。

マルクス経済学のみならず、これまでの経済学のまちがいは、人間のはたらく力を正しく判断、解釈できなかったことや無視しまったく評価しなかったことから生じているものと考えている。

人間のはたらく力の真の実力を知ることは、これから、われわれがどう生きるかを考える上でその出発にどうしても欠かせないきわめて大切なことがらであることを強調しておきたい。

ちなみに、その「どう生きるかを考える」とはどういうことなのか、具体的に言えば次のようになろう。すなわち、これまでわれわれが考え、そして描いてきた生きるための指針やプランである経済、政治、歴史、教育、道徳、宗教、人生、真理、正義などについての理論や考えをわたくしの言う自分一人支えられない「人間のはたらく力の真の実力」に基づき根底から見直していくこと、つまり、一から描き換えていくということである、

このことは、いかに面倒でむだでおろかに見えようとも、また、例えわれわれのいのちを脅かすテロや核兵器、そして、自然環境破壊などのすべてが除去できたとしても、われわれ人類が生きつづけようとするならば、だれもがそれぞれの立場でかならずやりとげなければならないことになる。本書はその経済についての試みである。

さて、お礼のことばが遅くなったが、第一に、お礼を申し上げなければならないのは、本書の出版をして下さった創風社出版、社主大早友章様、奥様の大早直美様、スタッフの皆様である。これまでにも「社会的分業の道理」を下敷に、受けを心得ぬ学校教育と家庭教育に関する二著の上梓でお世話になった。今回はその道理そのものの著述であるが、前回同様、阿世を知らぬものとなった。たびたびのわが表現の自由にお力添えを賜り感謝の念でいっぱいである。

次にお礼を言わねばならないのは妻、山口幸子である。彼女は、これまで以上に枚数の多い手書きの原稿を活字化させる面倒な作業をこれまで同様一手に引き受けてくれた

さらに、遺跡や資料館からの取材も手伝ってもらった。ここにそれらの労に対し、厚く、謝意を表しておきたい。

主な参考図書

○全体にわたるもの
日本大百科全書（小学館）
世界大百科事典（平凡社）

○Ⅰ・Ⅴ
特になし

○Ⅱ・Ⅲ・Ⅳ
世界史総合図録（山川出版社）
日本史総合図録（山川出版社）
西アジア史（1、アラブ、佐藤次高編）（山川出版社）
西アジア史（2、イラントルコ、永田雄三編）（山川出版社）
中国の歴史（上、中、下、貝塚茂樹著）（岩波新書）
世界史辞典（吉川弘文館）

日本史辞典（角川書店）
日本史大辞典（平凡社）
日本史史料集（山川出版社）

○Ⅵ
アダム＝スミス伝（ジョン・レー、大内兵衛・大内節子訳）（岩波書店）
経済学辞典（平凡社）
経済学史（伊藤誠編）（有斐閣）
経済学の考え方（時永淑）（法政大学出版局）
国富論（アダム＝スミス、大河内一男監訳）（中公文庫）
資本論（カール・マルクス、マルクス＝エンゲルス全集刊行委員会訳）（大月書店）

著者略歴

山口憲一郎（やまぐち　けんいちろう）

1937年、徳島県生。大学で経済学説史専攻。従来の学説に対する懐疑から卒業後改めてその問い直しを続ける。1970年代半ば、人間のはたらく力無視の理論は論外だが、そのはたらく力が余剰（価値）を生むとする理論は誤りであり、その力は自分一人の命さえ支えられないものであることを悟る。その後「自分一人のはたらく力で生きることができないわれわれ人間がなぜ、つまり、どのようなはたらき方をすることによって生きることができているのか」この太古より一貫する「経済の原理」の究明に取り組んでいる。

主な著書

「アダム・スミスと教育」（誌『三島の教育』1996）
「物の見方考え方はこれでいいのか」（誌『三昧人』2001）
「歴史の見方考え方はこれでいいのか」（誌『三昧人』2002）
『渾沌、この境界《さかい》なしの時代―科学的認識の探求』（東京経済、1999）
『教育をどう変えるか』（創風社出版、2006）
『ぼくを親孝行のできる子にして下さい』（創風社出版、2011）

新説 社会的分業論

2017年7月25日発行　　定価＊本体2000円＋税

著　者　　山口憲一郎
発行者　　大早　友章
発行所　　創風社出版
〒791-8068 愛媛県松山市みどりヶ丘9－8
TEL.089-953-3153　FAX.089-953-3103
郵便振替 01630-7-14660　http://www.soufusha.jp/
印刷　㈱松栄印刷所　　製本　㈱永木製本

 ISBN 978-4-86037-247-7

事項索引

あ

い

う

え

お

か

き

く

け

こ

さ

し

す

た

ち

つ

て

と

な

に

ぬ

ね

の

は

ひ

ふ

む

め

も

や

ゆ

よ

ら

り

れ

ろ

わ

人名索引

や

ゆ

よ

り

る

ろ

わ